Klett Lektürehilfen

Thomas Mann

Mario und der Zauberer

Interpretationshilfe für Oberstufe und Abitur

von
Elisabeth Kaltenbach

Klett Lerntraining

Elisabeth Kaltenbach, Gymnasiallehrerin für Deutsch und Englisch, Studiendirektorin an einem Weiterbildungskolleg in Düsseldorf.

Die Textzitate folgen der Ausgabe: Thomas Mann: Mario und der Zauberer. Ein tragisches Reiseerlebnis. 33. Aufl. Frankfurt am Main: Fischer Taschenbuch Verlag, 2013.

Bibliografische Information der Deutschen Nationalbibliothek
Die Deutsche Nationalbibliothek verzeichnet diese Publikation in der Deutschen Nationalbibliografie; detaillierte bibliografische Daten sind im Internet über http://dnb.dnb.de abrufbar.

Dieses Werk folgt der reformierten Rechtschreibung und Zeichensetzung. Ausnahmen bilden Texte, bei denen künstlerische, philologische oder lizenzrechtliche Gründe einer Änderung entgegenstehen.

1. Auflage 2020

www.klett-lerntraining.de
kundenservice@klett-lerntraining.de
Umschlagfoto: akg-images, Berlin
Satz: DOPPELPUNKT, Stuttgart
Druck: medienhaus Plump GmbH, Rheinbreitbach
Printed in Germany
ISBN 978-3-12-923168-5

1 Einleitung

Autor und Werk

"Thou com'st in such a questionable shape"
William Shakespeare, *Hamlet* I,4,43

„Du kommst in so fragwürdiger Gestalt"* – Thomas Manns Lebens-Kunst

Thomas Mann – ein „Monument"

Würde Deutschland – nach hinlänglich bekannten medialen Vorbildern – den „Superstar" seiner Literaturgeschichte suchen, so käme Thomas Mann sicherlich in die Endausscheidung. Acht Romane, über dreißig Erzählungen, ein Theaterstück, zahllose Essays, autobiografische Schriften, Reden, Vorträge, Zehntausende von Briefen, dazu der Nobelpreis für Literatur und zahlreiche weitere Auszeichnungen: Der reine Umfang dieses Werkes und seiner Würdigungen hat aus dem Autor das gemacht, was der Literaturkritiker Marcel Reich-Ranicki einmal nicht ohne Bedauern ein „Monument" genannt hat.

Großes Interesse der Nachwelt am Leben von Thomas Mann

Dazu kommt, vor allem auch nach der seit 1975, zwanzig Jahre nach seinem Tod, sukzessive erfolgten Veröffentlichung seiner Tagebücher, ein ungebrochenes Interesse an Thomas Manns Lebensgeschichte, von der man den Eindruck hat, sie würde in ihren Entwicklungen und Verwerfungen, in ihren Kontrasten und Ungereimtheiten gleich für mehrere Leben reichen. Kind aus großbürgerlich-etabliertem Elternhaus, schlechter Schüler, kurzfristiger Versicherungsbankvolontär, Student und Bohemien, Ehemann und Vater von sechs Kindern, latenter und lebenslang sorgfältig verborgener Homosexueller, Monarchist und „Unpolitischer", Republikaner, Nobelpreisträger, Exilant, Nazi-Gegner, Rückkehrer, Goethe-Preisträger,

---

* Das aus Shakespeares *Hamlet* entlehnte Zitat – eine Anrede Hamlets an den Geist seines Vaters – verwendete Thomas Mann 1929 in seiner Dankesrede an die Münchener Rotarier und deren Sprecher Emil Preetorius, nachdem diese ihn als jüngsten Träger des Nobelpreises gefeiert hatten. Vgl. https://www.zeit.de/1955/22/du-kommst-in-so-fragwuerdiger-gestalt

Ehrenbürger von Weimar und Lübeck: In zahlreichen Biografien ist dieses Leben durchleuchtet und mit unterschiedlich großer Distanz dargelegt worden. Und doch hält sich der Eindruck, man begegne dem Leben Thomas Manns, der nie eine wirkliche Autobiografie verfasst hat, am ehesten in seinem literarischen Werk – entsprechend einem Satz des französischen Schriftstellers André Gide aus dessen Autobiografie, deren radikale Offenheit (vor allem im Hinblick auf seine Homosexualität) Thomas Mann gleichzeitig bewunderte und ablehnte: „Wäre es denkbar, daß man im *Roman* der Wahrheit näherzukommen vermöchte, als in der Autobiographie?" (zit. nach: Hermann Kurzke, *Thomas Mann*, S. 387).

Der Roman – näher an der Wahrheit als die Autobiografie?

Thomas Manns Leben – ein Kunstwerk

Der Eindruck, Thomas Mann habe sein Leben in gewisser Weise seinem Werk untergeordnet, wird übrigens nicht zuletzt durch den Autor selbst bestärkt. In zahllosen Selbstäußerungen hat dieser immer wieder zu seinen Werken Stellung bezogen und deren enge Verknüpfungen mit seinem Leben, seinen jeweiligen Erfahrungen aufgezeigt, so die Grenzen zwischen Kunst und Leben verwischend. Nicht von ungefähr lautet der Untertitel von Hermann Kurzkes oben genannter, lesenswerter Thomas-Mann-Biografie *Das Leben als Kunstwerk*. Heinrich Breloer nannte seine Verfilmung des Lebens von Thomas Mann und seiner Familie im Jahre 2001 *Die Manns. Ein Jahrhundertroman.*

Zahlreiche Äußerungen Thomas Manns zu seinem Werk

Thomas Mann war ein exzessiver ‚Selbstäußerer'. In zahlreichen Veröffentlichungen (auch in solchen, in denen es vordergründig um andere Persönlichkeiten geht) machte er sein schriftstellerisches Tun und sein Werk zum Mittelpunkt seiner Betrachtungen. Nicht selten ergaben sich dabei auch Widersprüche, Brüche, so zum Beispiel in seiner eigenen Einschätzung der Novelle *Mario und der Zauberer* (vgl. S. 66 f. der vorliegenden Lektürehilfe). Für den Autor waren es wohl – ganz im Sinne des oben zitierten Ausspruch Hamlets – notwendige Uneindeutigkeiten, Fragehaltungen, die das Verhältnis eines kritischen Künstlertums zu sich selbst kennzeichnen sollten.

Problematisches Verhältnis zur Institution Schule

Thomas Mann war ein schlechter Schüler, der die Schule nach eigenem Bekunden verabscheute: „Ich verachtete sie als Milieu, kritisierte die Manieren ihrer Machthaber und befand mich früh in einer Art literarischer Opposition gegen ihren Geist, ihre Disziplin, ihre Abrichtungsmethoden" (Thomas Mann, „Lebensabriß", in: *Über mich selbst. Autobiographische Schriften*, S. 101). Im Fach Deutsch kam er über ein „befriedigend" nicht hinaus. Trotzdem, oder gerade deshalb, unternahm er erste schriftstellerische Versuche, Gedichte und kurze Dramen, die ihm bei seinen Lehrern und Mitschülern aber weniger Respekt als vielmehr Spott einbrachten. Einen Brief an das Mann'sche Kindermädchen unterschrieb er, ungebrochen selbstbewusst, als Vierzehnjähriger mit „Th. Mann, Lyrisch-dramatischer Dichter". Noch viel später, als arrivierter und bereits mit dem Nobelpreis ausgezeichneter Schriftsteller, blieb Thomas Mann unversöhnlich: Anlässlich einer Rundfrage in der Zeitschrift *Schule und Elternhaus* im Jahre 1930 antwortete er u.a. auf die Frage, ob die Schulzeit für ihn eine Zeit der Freude gewesen sei oder er ungern daran zurückdenke: „Die Schulzeit war die Kinderzeit, und also bot sie auch viel Raum für Freude. Aber die Schule war ohne Verdienst daran" (ebd., S. 171).

Thomas Manns Werke – ein fester Bestandteil der Schullektüre

So ist es nicht ohne Witz, dass gerade Thomas Manns Werke zum festen Lektürekanon in den Schulen gehören – eine Entwicklung, die der Autor selbst schon 1912 künstlerisch ironisierte, indem er in seiner berühmten Novelle *Der Tod in Venedig* über die Hauptfigur, den Schriftsteller Gustav von Aschenbach, schreibt, „daß die Unterrichtsbehörde ausgewählte Seiten von ihm in die vorgeschriebenen Schul-Lesebücher übernahm" (Th. Mann, *Der Tod in Venedig*, Frankfurt am Main: Fischer Taschenbuch Verlag, 2013, S. 29). Neben dieser Novelle und dem epochalen Roman *Buddenbrooks* gehört wohl vor allem die in der vorliegenden Lektürehilfe thematisierte Erzählung *Mario und der Zauberer* zu jenem schulischen Lektürekanon. Die in ihrer Bedeutung unterschiedlich bewertete, 1930 erschienene Erzählung ist der erste explizit politische literarische Text Thomas Manns, der sich – gerade frisch mit dem Nobelpreis ausgezeichnet – auf dem vielzitierten Höhepunkt seines Ruhms befand und mit diesem Text nicht nur Auswüchse des italienischen Faschismus reflektierte, sondern auch ein nahezu prophetisch anmutendes Bild einer dämonischen Führerfigur bot, wie sie Deutschland nur zu bald erleben sollte.

Mario und der Zauberer – politischer literarischer Text

Die Entstehungsgeschichte der Novelle *Mario und der Zauberer*

Entstehung der Novelle sehr gut dokumentiert

Wie bei vielen anderen Werken kann die Entstehung der Novelle *Mario und der Zauberer* eng mit realen Erlebnissen Thomas Manns verknüpft werden und ist zudem (auch das nicht ungewöhnlich) in mehreren Briefen und Selbstzeugnissen dokumentiert.

Urlaub in Forte dei Marmi 1926

Unangenehme Erlebnisse

Im Jahre 1926 verbrachte Thomas Mann mit seiner Frau Katia und den beiden jüngsten Kindern Elisabeth und Michael einen vierzehntägigen Urlaub in dem kleinen italienischen Badeort Forte dei Marmi bei Viareggio. Von dort berichtete er zwar, u.a. in einem Brief an seinen Schriftstellerkollegen Hugo von Hofmannsthal, von „kleinen Widerwärtigkeiten […], die mit dem derzeitigen unerfreulichen überspannten und fremdenfeindlichen nationalen Gemütszustand zusammenhingen“ (zit. nach: Hans Rudolf Vaget, *Thomas Mann – Kommentar zu sämtlichen Erzählungen,* S. 222).

Veränderter Ausgang der Mario-Anekdote

Thomas Mann zeigte sich aber insgesamt gelassen über die Reiseerlebnisse. Diese sind in fast allen Einzelheiten (die Hitze, das schlechte Essen und die unwürdige Behandlung im Hotel, der Umzug in eine Privatpension, der freundliche Kellner Mario) in der späteren literarischen Umsetzung enthalten. Selbst den Auftritt des Zauberers mit dem Kuss Marios gab es wirklich, allerdings war der Ausgang ein völlig anderer: Der reale Mario lief beschämt weg, zeigte aber am nächsten Tag, als er die Familie Mann wieder bediente, lachend seine Anerkennung für die Arbeit des Zauberers. Den „letalen Ausgang“ verdankte Thomas Mann nach eigenen Angaben einer spontanen Bemerkung seiner ältesten Tochter Erika, nachdem sie von dem Erlebnis erfahren hatte: „„Ich hätte mich nicht gewundert, wenn er ihn niedergeschossen hätte‘“ (zit. nach: ebd., S. 222 f.).

Verarbeitung zur Novelle erst 1929

Die Konzeption der Novelle erfolgte nicht sofort nach dem Urlaub, sondern ruhte drei Jahre lang. Erst im August und September 1929 wurde sie umgesetzt. Die Anreicherung des politischen Gehalts der italienischen Erlebnisse durch die zwischenzeitlich gemachten Erfahrungen im mehr und mehr von der nationalsozialistischen Bewegung geprägten Deutschland ist zu vermuten. *Mario und der Zauberer* entstand ohne Probleme und in kürzester Zeit. Die äußeren Umstände der Entstehung sind von Thomas Mann selbst mehrfach beschrieben worden.

Familienurlaub in Rauschen an der Ostsee

Im Spätsommer 1929, er arbeitete gerade an seinem mehrbändigen Romanwerk *Joseph und seine Brüder*, sollte der Familienurlaub wie jedes Jahr am Meer, im Ostseebad Rauschen in Ostpreußen (heute: Swetlogorsk, Russland), stattfinden. Der Autor reiste wieder in Begleitung seiner Frau und seiner beiden jüngsten Kinder. Das umfangreiche Material zum Josephsroman wollte er nicht auf die Reise mitnehmen. So berichtet er nicht ohne Selbstironie im „Lebensabriß" (1930), den er für die Stockholmer Akademie nach der Zuerkennung des Nobelpreises für Literatur im November 1929 verfasste:

> „Da ich mich aber auf beschäftigungslose ‚Erholung' durchaus nicht verstehe und eher Nachteil als Nutzen davon erfahre, beschloß ich, meine Vormittage mit der leichten Ausführung einer Anekdote zu füllen, deren Idee auf eine frühere Ferienreise, einen Aufenthalt in Forte dei Marmi bei Viareggio und dort empfangene Eindrücke zurückging: einer Arbeit also, zu der es keines Apparates bedurfte und die im bequemsten Sinne des Wortes ‚aus der Luft gegriffen' werden konnte" (Thomas Mann, *Über mich selbst. Autobiographische Schriften*, S. 140 f.).

Problemlose Niederschrift

Höchst plastisch und amüsant beschreibt er, wie er, seinen Strandkorb nahe ans Meer gerückt, die badenden und wandelnden Menschen beobachtend, „auf den Knien kritzelnd", die „Fabel" (ebd., S. 141) der *Mario*-Novelle zu Papier brachte. Deren größter Teil entstand wohl am Strand von Rauschen, der Rest nach der Rückkehr in München.

Am 10. Dezember 1929 nahm Thomas Mann den Nobelpreis für Literatur in Stockholm entgegen. Anlässlich diverser Feiern zur Verleihung des Preises hatte der Autor schon zuvor u. a. in München und Berlin aus der wenige Wochen vor der Zuerkennung des Nobelpreises fertiggestellten Erzählung *Mario und der Zauberer* gelesen. Im April 1930 erfolgte deren Erstdruck in *Velhagen & Kla-*

sings Monatsheften unter dem Titel: *Tragisches Reiseerlebnis. Novelle von Thomas Mann.* Die erste selbstständige Buchveröffentlichung bei S. Fischer in Berlin folgte noch im gleichen Jahr und trug den Titel *Mario und der Zauberer. Ein tragisches Reiseerlebnis.* Enthielt bereits der prominente Begriff des „Reiseerlebnisses" im Titel der Erstveröffentlichung einen deutlichen Hinweis auf die im „Lebensabriß" thematisierte Nähe zur Biographie des Autors, so wird dieser Bezug durch die Streichung der literarischen Gattungsbezeichnung und die Nennung des Protagonisten im geänderten Titel suggestiv verstärkt: Es ist allseits bekannt, dass Thomas Mann sowohl im Familien- als auch Freundeskreis als „Zauberer" bezeichnet und angeredet wurde und dass er Briefe an seine Kinder des Öfteren mit dem Kürzel „Z." unterschrieb (vgl. Bernd Hamacher, *Thomas Mann, „Mario und der Zauberer". Erläuterungen und Dokumente*. Stuttgart: Reclam, 2006, S. 6).

2 Inhaltsangabe und erste Deutungsaspekte

Die beiden Handlungsteile

Mario und der Zauberer hat keine von Thomas Mann vorgegebene Einteilung. Dennoch kann man die Erzählung in zwei Handlungsteile gliedern.

Die Ereignisse im Hotel und am Strand (9 – 32)

Ich-Erzähler berichtet von vergangenen Ereignissen

„Die Erinnerung an Torre di Venere ist atmosphärisch unangenehm." (9) Schon im ersten Satz der Erzählung sind unterschiedliche Implikationen enthalten. Es wird deutlich, dass der Ich-Erzähler, der im Folgenden von dem Geschehen berichten wird, selbst an den Ereignissen teilgenommen hat und diese nun im Nachhinein nicht nur erzählt, sondern auch gleich kommentiert und bewertet. Außerdem wird von Anfang an die Atmosphäre festgelegt, die die ganze Erzählung bestimmen wird. Der Erzähler geht dann noch weiter, indem er in den nächsten vierzehn Zeilen, also im kompletten ersten Abschnitt, auch gleich in Kurzform die Handlung und ihren tragischen Ausgang darstellt, ohne auf Einzelheiten einzugehen, und somit doch noch eine Art Spannung aufrecht erhält. Auch die wichtigsten Beteiligten, der schreckliche Cipolla, die Kinder (vgl. ebd.) und neben dem Ich-Erzähler eine zweite Person („uns"), also vermutlich die Ehefrau und Mutter der Kinder, werden bereits genannt.

Vorausdeutung: Handlung mit tragischem Ausgang

Beschreibung des Ferienortes

Nach dieser Einleitung sollte nun die „Erinnerung", d. h. die eigentliche Erzählung der angekündigten Ereignisse, kommen, aber dem wird wiederum eine längere Passage vorgeschaltet, die immerhin den Ort des Geschehens detailliert beschreibt. Vorgestellt wird ebenjenes Torre di Venere: ein quirliger Badeort am Tyrrhenischen Meer, in der Nähe des größeren, mondäneren, aber auch vollkommen überlaufenen Portoclemente. Zunächst als eine Art sympathischer Ausweichort von den Touristen freudig aufgenommen, ist Torre aber inzwischen längst kein ‚Geheimtipp' mehr, sondern unterscheidet sich nach dem Eindruck des Erzählers nicht mehr viel vom großen Portoclemente, „es wimmelt von zeterndem, zankendem, jauchzendem Badevolk" (11).

Unangenehme Erlebnisse im Grand Hôtel

Nun beginnt der Erzähler seinen Bericht über den Aufenthalt seiner Familie in Torre im August. Er merkt an, dass sie zu früh gekommen seien. Der Ort ist während der italienischen Hochsaison völlig überfüllt und fest in der Hand der Einheimischen. Er empfiehlt, lieber im Mai oder September dorthin zu reisen, dann gehe es gedämpfter zu und man müsse sich nicht „wie ein Gast zweiten Ranges vorkommen" (13). Dieses Gefühl erläutert er anhand unangenehmer Erlebnisse seiner Familie im Grand Hôtel. Zunächst wird ihnen ein Tisch auf der Veranda mit dem Hinweis verweigert, diese sei für die Kundschaft des Hotels vorgesehen – gemeint ist die italienische. Danach ergibt sich ein Konflikt mit der Hotelleitung, als ein anderer Gast, eine italienische Fürstin, aus Angst vor dem bereits überstandenen Keuchhusten der Kinder des Erzählers die Umquartierung der Familie in ein Nebengebäude verlangt. Selbst nachdem ein Arzt Unbedenklichkeit bescheinigt hat, besteht der servile Hotelmanager auf dem Zimmerwechsel, worauf der empörte Erzähler mit seiner Familie das Hotel verlässt und in die private Pension Eleonora umzieht, die von Signora Angiolieri, einer ehemaligen Gesellschafterin der berühmten Schauspielerin Eleonora Duse, geführt wird. Dort fühlt die Familie sich zwar wohler, dennoch können sie ihren Aufenthalt am Strand nicht so recht genießen, was nicht nur an der unmäßigen, kaum zu ertragenden Hitze oder an einem abscheulichen Jungen, dem zwölfjährigen Fuggièro, liegt. Es ist vor allem die Atmosphäre, die öffentliche Stimmung (vgl. 24), die dem Erzähler zu schaffen macht: „Man verstand bald, daß Politisches umging, die Idee der Nation im Spiele war." (Ebd.) Die Kinder des Erzählers werden von italienischen Kindern zurückgewiesen, Erwachsene mischen sich mit nationalistischen Bemerkungen in die kindlichen Spiele ein.

Umzug in die Pension Eleonora

Hitze und unangenehme Atmosphäre am Strand

Der Höhepunkt dieser belastenden Situation ist erreicht, als die kleine Tochter des Erzählers eines Tages nackt zum Meer läuft, um ihren Badeanzug auszuwaschen.

Eine Welle der Entrüstung erhebt sich unter den italienischen Badegästen und ein elegant gekleideter Herr wirft der Familie empört die Verletzung von Zucht und Sitte und auch Schamlosigkeit vor. Seine Strafrede mündet in dem Vorwurf, die Ehre und Würde seines Landes seien verletzt worden. Der Erzähler versucht zu besänftigen, kommt aber nicht umhin, einem Beamten ins Rathaus folgen und ein Bußgeld zahlen zu müssen.

Empörung der Einheimischen

An diesem Punkt stellt sich der Erzähler die Frage, warum sie nicht abgereist seien, und führt mehrere Gründe an. So bekommt die Familie in der Pension Eleonora durchaus Unterstützung, auch von wohlmeinenden italienischen Gästen. Außerdem gesteht der Erzähler, dass sie sich gewissermaßen zu Studienzwecken zum Bleiben entschlossen hätten: „Wir blieben auch deshalb, weil der Aufenthalt uns merkwürdig geworden war, und weil Merkwürdigkeit ja in sich selbst einen Wert bedeutet, unabhängig von Behagen und Unbehagen." (30) Er findet, „man soll bleiben, soll sich das ansehen und sich dem aussetzen, gerade dabei gibt es vielleicht etwas zu lernen" (ebd.), weist aber gleichzeitig mehrmals vorausdeutend darauf hin, dass man durch das Bleiben nicht jenen fatalen Cipolla vermieden habe. In Torre beginnt derweil die Nachsaison, der Ort und der Strand leeren sich, das Leben wird „sowohl intimer wie europäischer" (31). Gleichzeitig ändert sich aber auch das Wetter, es wird stickig, schwül und regnerisch – eine Atmosphäre von dräuendem Unheil.

Erzähler rechtfertigt sein Bleiben vor Ort

Der Auftritt des Zauberers (32–127)

Auf mehreren Plakaten hat sich in der Zwischenzeit Cavaliere Cipolla, ein Zauberkünstler, angekündigt – oder vielmehr, wie er sich bezeichnet, „ein fahrender Virtuose, ein Unterhaltungskünstler, Forzatore [dt. ‚Kraftmensch'], Illusionista [dt. ‚Zauberer'] und Prestidigatore [dt. ‚Taschenspieler']" (32). Angesteckt von der Begeisterung ihrer Kinder und aus einem gewissen Bedürfnis nach harmloser Zerstreuung kaufen die Eltern schließlich Eintrittskarten und begeben sich an dem vorgesehenen Abend mit den Kleinen in den Veranstaltungsraum, einem wenig repräsentablen Saalbau in einem der ärm-

Ankündigung der Vorstellung des Zauberers

Gemischtes Publikum im Saalbau

licheren Ortsteile Torres. Unter dem buntgemischten Publikum entdecken die aufgeregten Kinder viele Bekannte, Fischer, Bootsvermieter und auch Mario, den Kellner aus dem Café, wo sie immer ihre Schokolade trinken. Der Saal füllt sich mehr und mehr, aber der Zauberkünstler lässt auf sich warten und muss endlich von dem ungeduldig werdenden Publikum herausgeklatscht werden.

Mario, der Kellner

Beschreibung Cipollas

Ausführlich beschreibt der Erzähler nun Cipolla, der – unbestimmbaren Alters, mit unattraktivem Äußeren, verwachsen und mit merkwürdig uneinheitlicher Kleidung – für ihn den „Typus des Scharlatans, des marktschreierischen Possenreißers" (39) verkörpert. Allerdings ist er frei von jeglichem Humor, eher von „gelegentlich übellaunige[m] Stolz" und strahlt eine „gewisse Würde und Selbstgefälligkeit des Krüppels" (40) aus. Bemerkenswert sind seine Requisiten: eine Flasche Cognac, dem er fleißig zusprechen wird, Zigaretten, die er unablässig raucht, und vor allem eine lederne Reitpeitsche, deren Funktion zu Beginn noch nicht klar ist.

Cipolla erteilt Giovanotto die erste Lektion

Giovanotto, ein vorwitziger junger Mann aus dem Publikum, provoziert den nur rauchend dastehenden Cipolla und wird von diesem gegen seinen Willen dazu gezwungen, dem Publikum die Zunge herauszustrecken – zur Freude der Kinder, aber zur Verwirrung der Erwachsenen, die eher Zauberkunststücke erwartet haben. Cipolla stellt sich nun vor und betont, einen schweren Beruf zu haben und trotz seines körperlichen Gebrechens sein Leben in einem Maße zu meistern, das ihm allseits Achtung und Anerkennung beschere. In diesem Zusammenhang erwähnt er auch die „Ehre" (47), bereits vor dem Bruder des Duce (Mussolini) aufgetreten zu sein. Für den Erzähler stehen dieses übersteigerte Selbstwertgefühl und die Aufzählung seiner Erfolge in einem krassen Missverhältnis zu Cipollas Empfindlichkeit und seinen ständigen Spitzen gegen den jungen Giovanotto, die von „echte[r] Gehässigkeit" (48) zeugen. Und obwohl der Erzähler urteilt: „Der Mann hatte noch nichts geleistet" (49), muss er beobachten, dass Cipolla das Publikum schon aufgrund seiner Rhetorik beeindruckt. Er schreibt dies der ‚Anfälligkeit' der Südländer für Schönheit und

Cipolla überzeugt das Publikum durch seine Rhetorik

Behändigkeit in der Sprache zu: „Man spricht mit Vergnügen, man hört mit Vergnügen – und man hört mit Urteil." (Ebd.) Der Zauberer ist den Menschen nicht sympathisch, aber sie erkennen seine Redegabe an. Und sie vermeiden, im Gegensatz zum Erzähler, der noch einmal detailliert Cipollas hässliche Erscheinung und auch seinen Buckel beschreibt, taktvoll jegliche Bemerkung zu diesem „kleinen Leibesschaden" (47), wie es Cipolla selbst nennt.

Arithmetische Übungen zu Beginn

Cipolla will nun sein Programm mit arithmetischen Übungen beginnen. Schon während der Vorbereitung (er schreibt etwas auf die Tafel und verdeckt es dann mit einem Blatt Papier) sucht er, pausenlos redend, immer wieder den Kontakt zum Publikum. Schließlich bittet er zwei junge Burschen aus dem Volk auf die Bühne. Der Erzähler registriert dabei, dass Cipolla sich hütet, „den vornehmen Teil seines Publikums zu belästigen" (53). Die beiden Jungen sollen etwas aufschreiben, gestehen aber beide, nicht schreiben zu können. Es wird nicht deutlich, ob dies der Wahrheit entspricht oder nur als eine weitere Provokation Cipollas gedacht ist – dieser reagiert allerdings verächtlich mit einer drastischen Schmähung der beiden Ungebildeten und Verhöhnung des kleinen Torre di Venere als „letzte[m] Winkel des Vaterlandes [...], in den die Unkenntnis der Elementarwissenschaften sich geflüchtet hat" (55).

Erneuter Zusammenstoß mit Giovanotto

Hier ereignet sich nun ein zweiter Zwischenfall: Der junge Giovanotto erhebt sich erneut gegen Cipolla und verteidigt seine Freunde und seine Vaterstadt vehement und nicht ohne Anerkennung durch den Erzähler: „Das war ja ausgezeichnet." (Ebd.) Cipolla aber reagiert eiskalt und hypnotisiert den jungen Mann, so dass sich dieser in einer vermeintlichen Kolik krümmt und windet. Wiederum gibt es Anerkennung im Publikum wie für ein gelungenes Schauspiel, wobei dem Erzähler das wahre Wesen dieser Veranstaltung nach wie vor unklar ist.

Der Zauberer führt nun endlich seine angekündigten mathematischen Tricks vor. So lässt er sich zum Beispiel aus dem Publikum beliebige Zahlen nennen, deren

Cipollas Tricks gelingen

Addition schließlich der von ihm bereits aufgeschriebenen Zahl auf der Tafel entspricht. Auch weitere Tricks gelingen überzeugend. Die ganze Zeit hindurch redet Cipolla mit seinem Publikum, streut immer wieder patriotische Bemerkungen ein, verteilt heuchlerische Komplimente, die eigentlich höhnisch und entwürdigend sind. Immer wieder setzt er den Hieb seiner Reitpeitsche ein, um seine Mitspieler in eine von ihm offensichtlich gewollte Richtung zu beeinflussen. Das Gefühl der Beklemmung beim Erzähler nimmt zu. Er bemerkt, dass der Künstler beim Publikum keinesfalls beliebt ist, diesen Unterströmungen der Ab- und Auflehnung aber Kraft seines Willens und mit Hilfe der Reitpeitsche immer wieder Herr wird.

Beeinflussung durch Einsatz der Reitpeitsche

Junger Mann kann Willensfreiheit nicht durchsetzen

Bei den nun folgenden Kartentricks kommt es erneut zu einem Zwischenfall. Ein junger Mann behauptet, sich Cipollas Willen widersetzen und nach eigenem freien Willen handeln zu wollen, wird aber von diesem belehrt: „‚Die Freiheit existiert, und auch der Wille existiert; aber die Willensfreiheit existiert nicht, denn ein Wille, der sich auf seine Freiheit richtet, stößt ins Leere.'" (67) Und wirklich gelingt auch in diesem Fall der Trick. Cipolla hat nun im Weiteren leichtes Spiel, muss sich allerdings immer wieder durch Cognac und Zigaretten stärken. Er geht dann zu „Gesellschaftsspielen" (69) über, z. B. dem Auffinden versteckter Gegenstände oder der korrekten Ausführung einer vorher vom Publikum heimlich vereinbarten Handlung. Für den Erzähler bedeuten diese Kunststücke etwas abschätzig „Einblicke in den zweideutig-unsauberen und unentwirrbaren Charakter des Okkulten" (ebd.). Der mit dem Rücken zum Publikum sitzende Cipolla redet dabei ununterbrochen, kommentiert seine Rolle und die des Publikums. Er sei nun im Rollentausch der Empfangende des Publikumswillens, zum Werkzeug geworden, habe zu gehorchen. Gleichzeitig betont er, dass Befehlen und Gehorchen untrennbar zusammengehörten. Wer das eine könne, könne auch das andere (hier erhebt er die Situation auch wieder ins Politische, indem er sie mit dem Zusammenspiel von Volk und Führer vergleicht). Das Wichtigste für den Zauberer ist aber erneut das Herausheben seiner eigenen Person und deren Last,

Cipolla als Empfänger des Publikumswillens

> „die Leistung, die äußerst strenge und aufreibende Leistung, sei jedenfalls seine, des Führers und Veranstalters, in welchem der Wille Gehorsam, der Gehorsam Wille werde, dessen Person die Geburtsstätte beider sei, und der es also sehr schwer habe" (71).

Cipolla kennt Signora Angiolieris Vergangenheit

Den Höhepunkt dieser Vorführungen bildet eine Begegnung mit der Pensionswirtin, Signora Angiolieri, über die Cipolla nach einigen Umwegen triumphierend aussagt, sie sei eine Vertraute der Duse gewesen. Hier erntet er Jubelstürme des Publikums – nur der Erzähler zweifelt, sucht weiter nach rationalen Erklärungen: So könnte sich Cipolla ja vor seinem Auftritt über bestimmte Personen und ihre Vergangenheit erkundigt haben.

Pause

Die Vorstellung wird nun für eine zwanzigminütige Pause unterbrochen, während der die Eltern versuchen, die Kinder, die schon vorher eingeschlafen waren, zur gemeinsamen Heimkehr zu bewegen. Natürlich gelingt dies nicht, die Kleinen – nun wieder wach und aufgeregt – wollen auf keinen Fall den Fortgang der Vorstellung versäumen und wenden sich, nachdem die Eltern nachgegeben haben, wieder freudig den ihnen bekannten Einheimischen zu. So wird bei Mario stolz auf Italienisch eine Schokolade bestellt, was dieser ebenso spielerisch-freundlich beantwortet. In einer längeren Reflexion versucht der Erzähler, sich dem vermeintlich neugierig-fordernden Leser gegenüber für das Nachgeben der Eltern und das Verbleiben in der Vorstellung zu rechtfertigen. Er gibt zu, dass es nicht nur die Neugier aufgrund von Cipollas Ankündigung einer weiteren Steigerung der Kunststücke ist. Vielmehr verknüpft er die Erfahrungen des Abends mit den Erfahrungen des gesamten Urlaubs und stellt noch einmal die faszinierende Merkwürdigkeit heraus, die ihn und seine Frau veranlassen zu bleiben und zu beobachten:

Erzähler reflektiert erneut über die Gründe für sein Bleiben

> „[D]ieser Saal bildete den Sammelpunkt aller Merkwürdigkeit, Nichtgeheuerlichkeit und Gespanntheit, womit uns die Atmosphäre des Aufenthaltes geladen schien; dieser Mann […] dünkte uns die Personifikation von alldem" (78).

Cipolla als überragender Hypnotiseur

Die Darstellung des zweiten Teils der Vorstellung wird von einer Art zusammenfassendem Urteil des Erzählers über Cipolla eingeleitet: „Dieser selbstbewußte Verwachsene war der stärkste Hypnotiseur, der mir in meinem Leben vorgekommen." (80) Damit wird klar, dass von nun an der eigentliche Charakter des Auftritts enthüllt wird. Er dient einzig und allein dem Beweis von Cipollas hypnotischen Fähigkeiten, einer „Demonstration der Willensentziehung und -aufnötigung", immer unterstützt von dem „Stärkungsgläschen und [der] Reitpeitsche mit dem Klauengriff" (80 f.)

Beispiele für Cipollas Kunst

Der Erzähler führt mehrere aus der Vielzahl der Beispiele an: Da ist ein besonders empfänglicher junger Mann, dessen Körper Cipolla in eine derart brettartige Starre versetzt, dass er ihn mit dem Nacken und den Füßen auf die Lehnen zweier Stühle legen und sich anschließend daraufsetzen kann. Mitleidsbekundungen aus dem Publikum für den jungen Mann weist der Zauberer mit der Bemerkung zurück, er selbst sei es, der all dies erleiden müsse. Eine Dame lässt er glauben, sie befinde sich auf einer Reise nach Indien; einem älteren Herrn militärischen Aussehens gelingt es nach Cipollas Ankündigung tatsächlich nicht mehr, seinen Arm zu heben. Am tiefsten berührt den Erzähler aber eine erneute Episode mit Signora Angiolieri. Der Hypnotiseur bringt sein Opfer dazu, ihm „[m]ondsüchtigen Ausdrucks" (85) immer weiter zu folgen, selbst die Rufe ihres Ehemannes, von Cipolla selbst angestachelt, können sie nicht zurückhalten. Gönnerhaft beendet dieser schließlich die Szene, führt Signora Angiolieri zu ihrem Ehemann zurück, nicht ohne diesen zarten und unscheinbaren, schüchternen Mann noch weiter ironisch zu demütigen: „,Hüten Sie mit allen Kräften Ihrer Männlichkeit einen Schatz, der so ganz der Ihre ist, und befeuern Sie Ihre Wachsamkeit durch die Einsicht, daß es Mächte gibt, die stärker als Vernunft und Tugend und nur ausnahmsweise mit der Hochherzigkeit der Entsagung gepaart sind!'" (87)

Verhexung Signora Angiolieris

Cipolla lässt das Publikum tanzen

Dieser erneute Triumph lässt nun auch den größten Teil des Publikums jegliche Zurückhaltung aufgeben. Cipolla lässt die Puppen tanzen – im wörtlichen Sinn. Er bringt mehrere der jungen Männer dazu, auf der Bühne unablässig einen Step (Modetanz der 1920er-Jahre) aufzuführen. Auch den erneuten Widerstandsversuch des jungen Mannes aus Rom, der bezweifelt, dass Cipolla ihn zum

Tanzen bringen könne, wenn er nicht wolle, vermag dieser nach einiger Zeit zu brechen. Stellvertretend für alle Anwesenden will der „Brave“, wie es der Erzähler ausdrückt, „die Ehre des Menschengeschlechtes heraushauen“ (90), muss aber schließlich aufgeben. Obwohl mit dem Rücken zu Cipolla stehend, nur von dessen bohrenden Blicken, eindringlichen Reden und der pfeifenden Peitsche beeinflusst, beginnt er am Ende wie erlöst doch zu tanzen und wird in die Gruppe der Tänzer auf der Bühne eingereiht. Noch immer versucht der Erzähler, die Erfolge Cipollas rational zu erklären: „Verstand ich den Vorgang recht, so unterlag dieser Herr der Negativität seiner Kampfposition. Wahrscheinlich kann man vom Nichtwollen seelisch nicht leben; eine Sache nicht tun wollen, das ist auf die Dauer kein Lebensinhalt“ (91). Die reine Verweigerung, ohne eine positive Grundlage für den Widerstand, reicht nicht aus.

Der junge römische Herr wird zum zweiten Mal bezwungen

Nichtwollen ist auf Dauer kein Lebensinhalt

Es ist inzwischen weit nach Mitternacht, der Erzähler bedauert beschämt, dass die Kinder immer noch anwesend sind, beruhigt sich aber mit der Feststellung, dass ihnen „der Sinn für das Anrüchige dieser Abendunterhaltung“ (93) noch fehle. Die Kleinen reagieren freudig-erregt, als sich Cipolla nun Mario, dem Kellner, zuwendet und diesen auf die Bühne lockt. Hier kommt es nun zu dem schon mehrfach angekündigten Höhe- und Wendepunkt der Handlung. Den Aufbau der Spannung verzögert der Erzähler noch dadurch, dass er zum ersten Mal eine ausführliche Beschreibung Marios (immerhin ja eine der beiden Titelfiguren) gibt. Neben dem nicht unbedingt hübschen Äußeren (besonders die auffälligen Lippen werden mehrfach erwähnt) stellt der Erzähler vor allem die schwermütige Aura heraus, die den jungen Mann umgibt: Er spricht von einer „primitive[n] Schwermut“ (95 f.), einer Zurückhaltung, einem Verzicht auf einschmeichelnde Freundlichkeit – all dies hat die Erzählerfamilie für Mario eingenommen. In diesem Augenblick – neben dem lässig-überheblichen Cipolla – strahlt der junge Mann Unsicherheit und Schüchternheit aus.

Cipolla winkt Mario auf die Bühne

Cipolla verfährt zunächst auf die übliche Art mit ihm. So parliert er ironisch über Marios Namen, seine Kleidung und seinen vermutlichen Erfolg bei den Mädchen.

Cipolla fragt Mario aus

Ein höhnisches Lachen Giovanottos aus dem Saal und Marios abweisende Reaktion nimmt Cipolla zunächst nicht auf und fragt den jungen Mann über seinen Beruf aus, bezeichnet ihn daraufhin so ironisch wie zweideutig als „Ganymed“ (Name eines Knaben aus trojanischem Königsgeschlecht, den Zeus wegen seiner Schönheit begehrte). So nähert er sich langsam seinem Ziel. Vermeintlich einfühlsam behauptet er, Mario müsse Kummer, Liebeskummer haben – und wird durch das erneute Lachen Giovanottos und Marios Fluchtreflex in seiner Annahme bestätigt. Als Cipolla dann auch noch durch Giovanotto (offensichtlich ein Nebenbuhler) den Namen der Geliebten, Silvestra, erfährt, beginnt er mit der Hypnose Marios, in deren Verlauf er diesem vorspiegelt, das Mädchen zu sein, und ihn schließlich dazu bringt, ihn zu küssen. Abgestoßen und entsetzt beschreibt der Erzähler die Atmosphäre im still gewordenen Saal: „Der Augenblick war grotesk, ungeheuerlich und spannend, – der Augenblick von Marios Seligkeit.“ (105)

Hypnose Marios: Cipolla gibt sich als Silvestra aus, Mario küsst Cipolla

Selbst Giovanotto scheint nicht nur schadenfroh, sondern auch ein klein wenig mitfühlend zu sein. In diesem Augenblick setzt Cipolla durch das Pfeifen der Reitpeitsche Marios hypnotisiertem Zustand ein Ende. Dieser begreift, was geschehen ist, und stürzt von der Bühne. Während das Publikum einem selbstgefällig lachenden Cipolla applaudiert, dreht Mario sich plötzlich um und feuert zwei Schüsse auf den überraschten Zauberer ab, der – offensichtlich tödlich getroffen – zu Boden fällt. Im allgemeinen Tumult wird Mario entwaffnet, zwei Polizisten treffen ein und der Erzähler und seine Frau nutzen die Gelegenheit, nun endgültig mit den Kindern den Saal zu verlassen, die noch fragen, ob das wirklich das Ende sei. Doppeldeutig bejaht ihr Vater die Frage und fasst seine Erleichterung in den letzten Sätzen der Erzählung zusammen:

Mario begreift seine Demütigung; er erschießt Cipolla

> „Ein Ende mit Schrecken, ein höchst fatales Ende. Und ein befreiendes Ende dennoch, – ich konnte und kann nicht umhin, es so zu empfinden!“ (107).

Erzähler empfindet Befreiung

3 Analyse und Interpretation

Thematische Aspekte

Politik ist im Spiel

KURZINFO

Bezüge zum historischen Hintergrund

- Dargestellt wird die italienische Gesellschaft zur Zeit des Faschismus unter Mussolini.
- Es herrscht eine Atmosphäre des Unbehagens: Fremdenfeindlichkeit, übertriebener Nationalstolz, Prüderie, Irrationalität siegen über Vernunft.
- Cipolla erweist sich als Demagoge, der das Volk für sich gewinnt.

Bezug zum Faschismus in Italien möglich

„Man verstand bald, daß Politisches umging, die Idee der Nation im Spiele war." (25) Obwohl sich Thomas Mann nicht immer eindeutig zu geschichtlichen Bezügen seiner Novelle bzw. zu politischen Aussageabsichten geäußert hat (vgl. S. 66 f. der vorliegenden Lektürehilfe), gibt der Text – vor allem im ersten Teil – doch ein recht aufschlussreiches Bild der italienischen Gesellschaft zur Zeit des Faschismus Mitte der 1920er-Jahre. Der Ferienaufenthalt Thomas Manns mit Frau und Kindern in Forte dei Marmi, Vorlage für die in der Novelle beschriebene Situation, fiel zeitlich zusammen mit der endgültigen Etablierung einer Einparteiendiktatur in Italien unter Benito Mussolini im Jahre 1926. Die schon von den Manns als unangenehm empfundene öffentliche Stimmung findet sich nun wieder in den Beschreibungen des Erzählers in *Mario und der Zauberer*.

Verhalten der Einheimischen: patriotisch, fremdenfeindlich, irrational, prüde

Die Atmosphäre ist gekennzeichnet von Unbehagen, Unnatürlichkeit und auch Irrationalität: „Ärger, Gereiztheit, Überspannung lagen von Anfang an in der Luft" (9). Die übermäßige Hitze, die Überfülle des Ortes und Strandes, die Lautstärke der Menschen, der merkwürdige, abstoßende Anblick (vgl. 13) der dick verstaubten Pflanzen am Straßenrand – all dies bildet den adäquaten Hintergrund, auf dem sich das Verhalten der meisten Einheimischen den Fremden gegenüber umso schärfer hervorhebt. Dieses Verhalten, eigentlich schon eine Haltung, kann charakterisiert werden als eine Mischung aus übersteigertem Nationalgefühl und, damit einhergehend, Fremdenfeindlichkeit, Liebedienerei, Ausschaltung der Ratio und Unbelehrbarkeit, verklemmter Sexualmoral sowie Autoritätsanmaßung und Eingriffen in die Privatsphäre. In verschiedenen Stationen der Handlung werden einzelne Aspekte dieser Haltung verdeutlicht.

Deutsche Familie als Gäste zweiter Klasse

Im Hotel wird die deutsche Erzählerfamilie wie Gäste zweiter Klasse behandelt, bekommt nicht den gewünschten Tisch, der den italienischen Gästen vorbehalten bleibt. Schlimmer noch: Als eine italienische Fürstin auf den überstandenen Keuchhusten der deutschen Kinder hysterisch reagiert, ist der Hotelmanager sofort bereit, für eine Umquartierung der Familie zu sorgen. Selbst als ein Arzt, ein „loyaler und aufrechter Diener der Wissenschaft" (16), fachmännisch fundiert und vernünftig die Unbedenklichkeit bescheinigt, besteht der Manager aus irrationaler Ignoranz und liebedienernder Untertänigkeit gegenüber seinen hochgestellten einheimischen Gästen auf seiner Anordnung.

Eleonora Duse und Gabriele d'Annunzio

Mit dem Umzug in die Pension Eleonora scheint eine positive Entwicklung zu beginnen – allerdings sind auch hier durch die Erwähnung Eleonora Duses und den Personenkult, den die Pensionswirtin um die berühmte Schauspielerin treibt, unausgesprochen Verbindungen zum Geliebten der Duse, Gabriele d'Annunzio, einem umstrittenen, dem Faschismus nahestehenden italienischen Dichter, möglich und sicher auch beabsichtigt.

Fuggièro als Hauptträger der Stimmung

Besonders deutlich tritt die Haltung der italienischen Einheimischen gegenüber den fremden Touristen in den Episoden am Strand zutage. In der Gestalt des zwölfjährigen Fuggièro, der zu den „Hauptträgern einer öffentlichen Stimmung" (24) gehört und gewissermaßen einen Vorläufer Cipollas darstellt, vereinigen sich übersteigerter Geltungsdrang, Hang zu großem Theater und versteckte Grausamkeit gegenüber Andersartigen auf für den Erzähler schwer erträgliche Weise. Wieder einmal werden Vernunft und „wissenschaftlicher Geradsinn" (23) in Gestalt des schon bekannten Arztes außer Kraft gesetzt. Selbst die Spiele der Kinder verlieren ihre Harmlosigkeit. Die deutschen Kinder werden zurückgewiesen,

Erwachsene mischen sich ein, patriotische Redeweisen verdrängen kindliches, d. h. allgemein-menschliches Zusammengehörigkeitsgefühl und Toleranz.

Patriotische Sittenwächter am Strand

Den Höhepunkt der Entwicklung bildet die Episode mit dem „Herr[n] in städtischem Schniepel" (27), der sich – nachdem die kleine Tochter des Erzählers nackt zum Meer gelaufen ist – zum Wortführer einer Welle nationaler Empörung ob dieser Sittenlosigkeit aufschwingt. Sowohl die Tatsache, dass die strenge Kleidung des Herrn für einen Strandaufenthalt völlig unpassend erscheint, als auch die Hinweise des Erzählers auf ein inzwischen weitverbreitetes liberales und natürliches Verhältnis zum menschlichen Körper lassen die völlig überzogenen Ausführungen des Mannes als Rückschritt in eine vor-moderne Haltung erscheinen, die von Verklemmtheit, unterdrückter Sexualität und übersteigerter Moralität zeugt. Dazu kommt das schnelle Anrufen und Eingreifen der staatlichen Autorität als Hüterin der nationalen Sitte und Ordnung und Verteidigerin des Landes gegen die Verlotterung von außen.

Zustand der Gesellschaft als „Krankheit"

Hat der Erzähler über die Ereignisse im Hotel und am Strand in teilweise ironisch-satirischer, unterhaltsamer Weise berichtet und die an sich verstörenden Verhaltensmuster der Einheimischen fast schon nachsichtig als Symptome einer „Krankheit" bezeichnet, so liefert der zweite Teil der Geschichte – der Bericht über den Auftritt des Zauberers Cipolla – sozusagen die Genese dieser Krankheit nach.

Cipollas Vorstellung: Entstehung dieser Krankheit

Natürlich ist Cipolla nicht Mussolini und auch nicht Hitler (eine solche Gleichung wäre zu vereinfachend und würde der genauen Textbetrachtung nicht standhalten), aber in dieser Gestalt werden psychologische Techniken einer faschistischen oder, allgemeiner, diktatorischen Führerfigur dargestellt, die bei der Umformung eines uneinheitlichen Publikums, d. h. einer heterogenen Gesellschaft, in eine einheitliche, unterwürfige Gefolgschaft angewendet werden (und wofür nun allerdings Mussolini und später auch Hitler repräsentative Beispiele waren). Dabei ist wichtig zu betonen, dass dieser Prozess ein von beiden Seiten getragener ist. Cipolla ist ein

Demagoge und Publikum: wechselseitige Beziehung

rhetorisch hochbegabter Demagoge, seine Reden sind durchsetzt mit patriotischen Anspielungen (u. a. auf den Bruder des Duce) und übertriebenem Nationalstolz, er hat Erfolg mit seinen Versprechungen und Kunststücken. Aber er trifft auch auf ein in weiten Teilen und quer durch alle Schichten dankbares Publikum, das anfällig ist nicht nur für ebenjene Rhetorik, sondern auch für Irrationales und für die (mal schnellere, mal langsamere) Aufgabe der Selbstbestimmung und Unterordnung unter einen fremden Willen – vor allem, wenn man ihm vorspielt, es sei im Grunde sein eigener Wille in Einigkeit mit dem Führer.

Warnung an die deutsche Gesellschaft

Gewiss ist Cipolla ein Meister der Suggestion und Hypnose, aber ihm gegenüber befinden sich nicht nur Menschen mit willenloser Opferbereitschaft von Anfang an, sondern auch solche mit nur allmählich aufgegebener kritischer Vernunft und Autonomie. Am Ende gehen auch diese auf im Gemeinschaftstanz. In diesem Sinne wäre *Mario und der Zauberer* dann nicht nur eine Abbildung der italienischen Gesellschaft, von der Mussolinis Faschismus bereits Besitz genommen hat, sondern auch eine (warnende) Präfiguration der deutschen Gesellschaft, der Hitlers Machtergreifung bevorsteht.

Der (Ver-)Führer und die Masse

KURZINFO

Modell einer Beziehung zwischen Masse und Führer

- Die Masse entwickelt eine gemeinsame Psyche; der Einzelne wird entindividualisiert.
- Der Führer erweist sich als „Urvater" mit Charisma: selbstbewusst, narzisstisch, redegewandt; er zeigt Stärke auch durch Suggestion und Hypnose.

Modell Führer und Masse

Über den konkreten politischen Bezugsrahmen hinaus (aber natürlich eng damit zusammenhängend) kann die Novelle im sozialpsychologischen Sinn als Modell für die komplexe Beziehung zwischen Individuum, Masse und Führerfigur dienen. Die Vorstellung, dass die Masse das Schicksal der Gesellschaft bestimmen und die Existenz des Individuums gefährden könnte, war schon zu Beginn des 20. Jahrhunderts keinesfalls neu.

So hatte u.a. der französische Psychologe und Soziologe Gustave Le Bon 1895 in seiner Abhandlung *Psychologie des foules* (dt. *Psychologie der Massen*, 1908) diese Ängste des ausgehenden 19. Jahrhunderts zusammengefasst. Er untersuchte dabei besonders die Struktur und Eigenschaften der Masse und die Führerfigur. Sein Buch galt im ersten Drittel des 20. Jahrhunderts als Standardwerk und beeinflusste viele namhafte Philosophen und Autoren, u.a. auch Sigmund Freud, der 1921 seinen Essay *Massenpsychologie und Ich-Analyse* veröffentlichte, dabei allerdings im Bezug auf die Führerfigur zu etwas anderen Ergebnissen kam.

Gustave Le Bon

Sigmund Freud

Es ist nicht bekannt, ob Thomas Mann Le Bons Werk kannte, wenn, dann wohl höchstens aus zweiter Hand. Er war aber sehr vertraut mit Sigmund Freuds Arbeiten, wenn auch hier nicht sicher ist, ob er dessen Essay selbst gelesen hat. Zudem war er mit den praktischen Umsetzungen der Massenpsychologie aus eigener Anschauung in Mussolinis Italien und ansatzweise auch im von der nationalsozialistischen Bewegung überschatteten Deutschland vertraut. Daher kann *Mario und der Zauberer* auch als Literarisierung der Beziehung von Führern und Geführten und speziell der zweite Teil, Cipollas Auftritt, als sinnbildliche Darstellung psychologischer Strukturen der Massenbildung gelesen werden.

Das Problem der Massen ist schon am Anfang der Erzählung ein Thema, wenn der Erzähler von den überfüllten Orten Portoclemente und Torre di Venere berichtet, von Gedränge am Strand und in den Lokalen. Obwohl er konstatiert, es gebe unter der italienischen Jugend auch „viel Wohlschaffenheit und gesunde Anmut" (22), zeigt sich das einheimische Publikum insgesamt als amorphe Masse, deren offenkundige Eigenschaft eine Art demonstratives Gemeinschaftsgefühl in scharfer Abgrenzung zu Außenstehenden, hier repräsentiert durch die Erzählerfamilie, ist. Einzelne Figuren, die kurz hervortreten, der Hotelmanager, der städtische Herr, bleiben namenlos, stellen ihre Individualität in den Dienst der Gemeinschaft, für deren „Ehre" und „nationale Würde" (27) sie agieren. Dabei handeln sie nicht rational, son-

‚Vermassung' bereits im Ort und am Strand

Einheimische als Masse mit Gemeinschaftsseele

dern aus übersteigerten Gefühlen und Empfindlichkeiten heraus, in denen sie sich mit den anderen einig wissen. So entwickelt die Masse (nach Le Bon) eine eigene Psyche, eine Art Gemeinschaftsseele. Neben dem Klein-Cipolla Fuggièro erhält einzig die Signora Angiolieri vom Erzähler nicht nur einen Namen, sondern auch die Umrisse einer individuellen Geschichte. Sie ist es auch, die zunächst als Repräsentantin eines offenen und ausländischen Gästen gegenüber freundlichen und aufgeschlossenen Italien fungiert. Aber auch sie wird später ihre Kontrolle verlieren, ihre individuelle Geschichte wird zur Schwäche und vom Verführer Cipolla ausgenutzt.

Zauber-vorstellung als Bildung einer Beziehung zwischen Masse und Führer

Mit dessen Ankündigung beginnt nicht nur der zweite, wesentlich längere Teil der Erzählung, sondern auch die detaillierte Beschreibung einer ‚Verzauberung', die zugleich modellhaft die sich nach und nach entwickelnde Beziehung einer Masse und ihres Führers abbildet. Zu Beginn der Vorstellung, noch vor Erscheinen des Zauberers, sind einzelne schichtenspezifische Gruppierungen, verschiedene Nationalitäten und sogar einzelne Individuen im Publikum zu unterscheiden. Bald ist aber schon allen die Spannung und Ungeduld des Wartens und die scharfe, abwartende Beobachtungshaltung nach dem Erscheinen Cipollas gemeinsam. Gleich mit seiner ersten Aktion, der Hypnose des widerständigen Giovanotto, setzt Cipolla sein Zeichen für den Abend: „Tun" und „Wollen" des Einzelnen gehören nicht mehr zusammen, das „Tun" wird von ihm, von außen bestimmt. Giovanotto ist also der Erste, der die Kontrolle an den Führer verliert; (fast) alle anderen werden folgen.

Kontrollverlust der Einzelnen an den Führer

Führer muss „Prestige" haben

Nach Le Bon muss die Führerfigur ein „Prestige" besitzen, entweder ein erworbenes bzw. künstliches (Name, Reichtum, Ansehen) oder ein persönliches (Charisma, Suggestivkraft und Rhetorik, auch Durchsetzungsfähigkeit, Gewaltbereitschaft und Erfolg). Sigmund Freud sieht – in Analogie an die Vorstellung von der „Urhorde" als der Urform der menschlichen Gesellschaft, die von einem starken Männchen, dem „Urvater", unumschränkt beherrscht wurde – auch in der modernen menschlichen Masse wieder das vertraute Bild des überstarken Einzelnen, des Führers, inmitten einer Schar von Gleichen. Sein Führer ist vor allem durch persönliche Freiheit und Unabhängigkeit charakterisiert. Er ist so selbstbewusst wie narzisstisch, liebt niemanden außer sich selbst oder doch andere nur, soweit sie seinen Bedürfnissen dienen. Dabei muss er den Massenindividuen aber die Vorstellung vorspiegeln, sie würden alle in gleicher und gerechter Weise von ihm geliebt. Zum letztlich Geheimnisvollen der Massenbildung und engen Bindung an den Führer tragen dann aber auch bei Freud noch die Suggestion und die Hypnose bei.

Cipolla verkörpert Eigenschaften eines Führers

Der Zauberer Cipolla ist eine Verkörperung sowohl von Le Bons als auch von Freuds theoretischen Vorstellungen. Wirkt im Hinblick auf erworbenes Prestige seine Herkunft als „Cavaliere" auch nebulös und seine Ausstaffierung eher operettenhaft, so strahlt er von Anfang an eine starke Verbindung von übergroßer Selbstgefälligkeit, Narzissmus („„Ich bin ein Mann von einiger Eigenliebe, nehmen Sie das in Kauf!'", 46) und beeindruckender Rhetorik aus. Permanent begleitet er seine Vorführungen mit Reden und Publikumsansprachen und beginnt „die Kluft zwischen Podium und Zuschauerraum aufzuheben" (52). Dadurch baut er Distanz ab und erzeugt einen suggestiven Sog. Gleichzeitig lässt er an keiner Stelle Zweifel an seinen ihn aus der Masse heraushebenden Fähigkeiten, indem er den Widerstand Einzelner (noch einmal Giovanotto, der junge römische Herr) durch eine Verbindung aus Gewalt (symbolisiert in der Reitpeitsche) und Erfolg aufgrund der Hypnose bricht. Cipolla wirkt aber nicht nur von außen auf die Menge ein, sondern stellt sich selbst auch als Verkörperung eines inneren Impulses derselben dar, indem er sich zum Werkzeug für das Publikum macht und in einem weiteren Teil der Vorstellung dessen „Gemeinschaftswillen" (71) ausführt. Dadurch schafft er ein Zusammengehörigkeitsgefühl – sowohl bei den Mitgliedern des Publikums untereinander als auch vom Publikum zu ihm – weil er nun dessen Handlungsvorgaben ausführen muss: Der Führer handelt nach dem Willen der Masse.

Widerstand Einzelner wird durch Gewalt und Hypnose gebrochen

Zusammengehörigkeitsgefühl

Cipollas, des Führers, „Triumph auf seiner Höhe" (92) wird nach der Vorstellungspause erreicht. Er überwindet letzte Widerstände. Anhand der ‚Entführung' Signora

Angiolieris demonstriert er nicht nur ein weiteres Mal die Macht seiner hypnotischen Fähigkeiten, sondern auch deutliche sexuelle Konnotationen dieser Macht, die somit die Grenzen der individuellen Intimsphäre überschreitet, auch wenn Cipolla, anders als später bei Mario, diesen Weg noch nicht zu Ende geht. Durch die Hypnose des jungen römischen Herrn schließlich zeigt der Zauberer nicht nur, dass dessen angestrengte Verteidigung der eigenen Freiheit und Individualität sich auf ein konkretes Objekt richten müsste, um erfolgreich zu sein. Er lässt auch deutlich werden, dass der junge Mann sein Aufgeben und die Einreihung in die längst auf der Bühne zappelnden „Hampelmänner" am Ende genießt: „Er lächelte breit, mit halb geschlossenen Augen, während er sich ‚vergnügte'. Es war eine Art von Trost, zu sehen, daß ihm offenbar wohler war jetzt als zur Zeit seines Stolzes …" (Ebd.) Der Einzelne ist in der Masse nun nicht mehr er selbst, sondern ein Automat geworden, Teil eines „Zappelkorps" (101), geführt vom „Meister" (92).

Unterwerfung als Genuss

Mit der erotischen Verführung Marios, dem er sich als dessen Angebetete Silvestra ‚unterschiebt', sprengt Cipolla schließlich selbst seine Herrschaft als Führer über die Masse. Er zieht ein Individuum vor und zerstört damit eine (nach Freud) Grundvoraussetzung seiner Anerkennung, nämlich die Illusion, dass das Oberhaupt alle Massenindividuen mit der gleichen Liebe liebt. Es folgt unweigerlich der Sturz des Führers, hier noch dramatisiert durch Marios Tat. Der Verlust lässt die Masse auseinanderfallen, innere Bindungen lösen sich auf. Es bleiben Panik und Orientierungslosigkeit:

Cipolla sprengt selbst seine Herrschaft

Sturz (Tod) des Führers bewirkt Auseinanderfallen der Masse

> „Der Tumult war grenzenlos. Damen verbargen in Zuckungen das Gesicht an der Brust ihrer Begleiter. Man rief nach einem Arzt, nach der Polizei. Man stürmte das Podium. Man warf sich im Gedränge auf Mario […]." (107)

Mit der – auch räumlichen – Distanzierung durch den Erzähler, dem Verlassen des Ortes der Verzauberung, scheint der Bann endgültig gebrochen.

Widerstand zwecklos?

KURZINFO

(Un-)Möglichkeiten des Widerstands

- Schwache, Sensible (Signora Angiolieri) werden zu willenlosen Opfern.
- Widerstand als Provokation (Giovanotto) und Negation (junger Herr aus Rom) erweisen sich als erfolglos.
- Passiver Widerstand (Erzähler) unterliegt mehr und mehr der Faszination.
- Für Marios widerständige Tat sind verschiedene Motive denkbar.

Facetten des Widerstands

Anhand einzelner Figuren werden im zweiten Teil der Erzählung mögliche Reaktionen auf die Verführung durch den Zauberer und auf die Eingliederung in die Masse aufgezeigt. Da sind zunächst jene, deren Schwäche sie zu im wahrsten Sinne des Wortes willenlosen Opfern macht: ein junger Mann, der für die Hypnose besonders empfänglich ist und von Cipolla mehrmals als Demonstrationsobjekt missbraucht wird, und Signora Angiolieri. Die Pensionswirtin wird vom Erzähler schon im ersten Teil als zarte, sympathische Frau vorgestellt, deren Leben wesentlich von ihrer Erfahrung als Gesellschafterin Eleonora Duses bestimmt ist. Die überall in der Pension sichtbare kultische Verehrung ist sicher zum Teil einer gewissen Geschäftstüchtigkeit geschuldet, zeugt aber auch von einer hohen Sensibilität und Neigung zum Künstlerischen, ‚Abgehobenen'. Gleichgültig, ob durch vorherige Erkundigungen oder durch gewisse hellseherische Fähigkeiten – Cipolla erkennt diese Disposition und stellt gleich einen unmittelbaren Kontakt zu der Signora her, indem er ihre Verehrung der Duse noch pathetisch verstärkt. Somit hat er die Voraussetzungen geschaffen, sie danach zu einer willenlosen Nachfolgerin (wörtlich wie sinnbildlich) zu machen. Der Erzähler beschreibt eindrücklich ihre „ätherische Widerstandslosigkeit" (84) und „Behexung" (ebd.), die Art, wie sie „[m]ondsüchtigen Ausdrucks" beginnt, Cipolla „nachzuschweben" (85). Die Situation hat auch eine starke erotische Komponente, deutet in die Richtung einer sexuellen Hörigkeit zwischen Verführer und Verführter. Dies wird noch verstärkt durch die Demütigung des Ehemannes als ‚rechtmäßigem' Liebhaber der Signora. Cipolla hat die engsten, intimsten Bindungen zwischen zwei Men-

Schwäche und Sensibilität machen Widerstand unmöglich

Signora Angiolieris „Behexung"

schen aufgehoben und die Gefühle des einen auf sich selbst gelenkt.

Der Widersacher Giovanotto unterliegt Cipollas Hypnose

Es gibt auch Figuren, die dem Zauberer aktiv Widerstand leisten und zumindest versuchen, ihren eigenen Willen und ihre Handlungsfähigkeit zu behaupten. Als Erster ist hier Giovanotto zu nennen, der Cipolla von Anfang an provozierend und „feindselig" (44) gegenübersteht. Innerhalb der sozialen Ordnung im Saal ist er ein Vertreter der „eingesessenen Volkstümlichkeit" (35) auf den Stehplätzen, der Fischer, Bootsverleiher, Kellner. Er ist so selbst- wie nationalbewusst und bietet Cipolla zweimal verbal Paroli. In beiden Situationen agiert er sozusagen stellvertretend für eine Stimmung im Saal, die sich noch diffus gegen die Arroganz des Zauberers richtet:

> „Die Heiterkeit erneuerte sich. […] Die populäre Lektion war schließlich am Platze gewesen." (43)

> „Das war ja ausgezeichnet. Der junge Mann hatte wahrhaftig Haare auf den Zähnen. Man unterhielt sich bei dieser Art von Dramatik […]." (56)

Doch beide Male unterliegt er Cipollas hypnotischen Fähigkeiten – gleichsam stellvertretend für andere Zuschauer, deren eventuell vorhandenem Vorwitz damit schnell die Spitze abgebrochen wird. Giovanotto wird zunächst vom Publikum ignoriert, dann bemitleidet – und am Ende wird er sogar, auch das wahrscheinlich gesteuert von Cipollas suggestiven Kräften, zu dessen Handlanger bei der Demütigung Marios.

Junger Herr aus Rom

Der Widerstand des jungen Herrn aus Rom (dieses Mal eines Vertreters der gehobenen gesellschaftlichen Schichten) zeigt sich ebenfalls in zwei Episoden, was einerseits auf die Hartnäckigkeit deutet, mit der er auf seinem Eigenwillen besteht, und andererseits die Bedeutsamkeit der Demonstrationen Cipollas für seinen Erfolg beim Publikum unterstreicht. Beide Situationen werden vom Erzähler ausführlich geschildert und von Reflexionen über die Willensfreiheit begleitet.

Im ersten Fall belehrt Cipolla selbst den zur Gegenwehr entschlossenen jungen Mann: „‚Die Freiheit existiert, und auch der Wille existiert; aber die Willensfreiheit existiert nicht, denn ein Wille, der sich auf seine Freiheit richtet, stößt ins Leere.'" (67) Das klingt abstrakt, verwirrt den jungen Mann und konkretisiert sich dann schnell in seinem Scheitern und Cipollas Erfolg. Vor der Schilderung der zweiten Szene betont der Erzähler die besondere Bedeutsamkeit: Sie sei der letzte Schritt zur „Vollendung seiner [Cipollas] Herrschaft" (88). Durch die Demontage des jungen römischen Herrn, der ein „gefährliches öffentliches Beispiel abzugeben drohte" (ebd.), wendet der Zauberer die letzten noch vorhandenen Zweifel im Publikum ab und leitet damit jene „gewisse Ausartung, ein gewisses spätnächtliches Drunter und Drüber der Gemüter, eine trunkene Auflösung der kritischen Widerstände" (87) ein. Die rauschhafte, selbstvergessene Hingabe der Zuschauer an den Cavaliere, die symbolträchtig in den ‚tanzenden Puppen' sichtbar wird.

Rauschhafter Zustand des Publikums

Die letzten Endes erfolgreiche Hypnose des jungen Römers, der nach langer Gegenwehr dann doch zu tanzen beginnt, wird wieder in einer Reflexion erläutert. Interessanterweise führt jetzt der Erzähler die Argumentation Cipollas fort, indem er von der Negativität der Kampfposition (vgl. 91) des jungen Mannes spricht. Widerstand ist also nicht möglich allein als Negation des Willens des anderen, sondern nur mit einem konkreten Ziel, auf das sich der eigene Wille richten kann. Die Argumentation geht sogar noch weiter: Cipolla behauptet, dass es eine Erlösung, ein Genuss sei, dem Willen des anderen nachzugeben, sich zu unterwerfen – und dass dies einem heimlichen, inneren Wunsch und Trieb entspreche. Der Erzähler macht sich diese Erklärung wieder zu eigen, indem er im Gesicht des „Unterworfenen" (92) ein Wohlgefühl zu entdecken glaubt.

Widerstand ohne positives Objekt erfolglos

Freudige Aufgabe des eigenen, Genuss des fremden Willens

Mit dem Erzähler selbst, einem Vertreter der ausländischen Gäste, ist ein weiterer widerständiger Geist zugegen – und das im wahrsten Sinne des Wortes, denn dessen Widerstand spielt sich in seinen Gedanken ab. Er bleibt passiver Beobachter, der die Ereignisse aus einer Art intellektueller Distanz aufnimmt, schildert und kommentiert. Immer wieder unterzieht er Cipollas Handlun-

Intellektueller Widerstand des Erzählers zu passiv

gen einer kritischen Prüfung und sucht nach rationalen Erklärungen, auch für die Begeisterungsfähigkeit des Publikums:

> „Der Mann hatte noch nichts geleistet, aber sein Sprechen allein ward als Leistung gewürdigt, er hatte damit zu imponieren gewußt." (49)

Erzähler handlungsunfähig und zunehmend fasziniert

Die zahlreichen Erklärungs- und Rechfertigungsversuche seines Bleibens im Saal deuten allerdings darauf hin, dass er im Grunde verunsichert ist. Indem er sich nicht entschließt zu gehen bzw. sich entschließt nicht zu gehen, zeigt auch er Handlungsunfähigkeit und mangelnde Willensstärke – und dann eine zunehmende Faszination. Mit fortschreitender Dauer der Vorstellung, vor allem nach der Pause, ist auch ein wachsender Distanzverlust beim Erzähler zu spüren. Er gibt immer mehr seine Autonomie auf, was sich erzählerisch in einer gewissen Desorientiertheit äußert: „Ich habe vorgegriffen und die Reihenfolge ganz beiseite geworfen." (83)

Auch der rational erscheinende Intellektuelle ist verführbar

Die rationalen Erläuterungen weichen zunehmend fast hilflos anmutenden, emotionalen Beschreibungen, „Der arme Herr Angiolieri, still und kahl!" (87), oder ironischen Kommentaren, „dieser Brave wollte die Ehre des Menschengeschlechtes heraushauen" (90). Sein Verharren im Saal bis zum bitteren Ende, obwohl es im Interesse der Kinder gute Gründe zum Gehen gibt, seine wenig überzeugenden Erklärungen dieses Verhaltens zeigen bloß, dass auch der rational scheinende Intellektuelle verführbar ist. Und selbst wenn es an keiner Stelle zu einer direkten Konfrontation der Ratio mit dem Zauberer kommt, ist sein Verhalten und Scheitern vergleichbar mit den Entmündigungen, die durch Cipolla auf der Bühne stattfinden.

Tötung Cipollas durch Mario: finaler Akt des Widerstands?

Bleibt Mario: Seine Tat, die Tötung Cipollas, könnte natürlich als finaler und auch erfolgreicher Akt des Widerstands gewertet werden. Im Verhältnis zu den detaillierten Schilderungen zuvor bleibt seine Motivation, sein Handlungsantrieb aber merkwürdig unklar. Deutlich ist, dass Mario nicht in dem Maße wie das übrige Publikum

Mario scheint zunächst immun

beeindruckt von Cipollas Vorstellung ist, er wirkt auch kurz vor dem Ende fast unbeteiligt; er war, wie der Erzähler beobachtet hat, „den Darbietungen [...] aufmerksam, aber ohne viel Heiterkeit und Gott weiß mit wieviel Verständnis gefolgt" (94). Auch gehorcht er nur sehr zögerlich Cipollas Winken, zu ihm zu kommen, gibt sehr zurückhaltend Auskunft über sich und flieht fast von der Bühne.

Demütigung Marios durch Vertauschen des Liebesobjekts

Vielleicht hat er Cipollas Wirkung widerstanden, weil seine Gedanken und Gefühle stark an ein anderes ‚Objekt', nämlich die von ihm geliebte Silvestra, gebunden sind. Dies könnte ihn immun machen gegen die Verführung des Zauberers. In dem Augenblick, als Cipolla sich dem jungen Mann unter Hypnose als ebenjenes Liebesobjekt präsentiert, schwindet auch Marios innerer Widerstand, weil er sich am Ziel seiner Sehnsüchte fühlen muss. Der Augenblick größter Erfüllung fällt zusammen mit dem Augenblick tiefster Demütigung, was ihm zu spät bewusst wird. Er wird im eigentlichen Sinne des Wortes ent-täuscht und tötet Cipolla.

Marios Tat: ein politischer Tyrannenmord oder rein persönliche Motivation

Es fällt schwer, dies (wie öfter geschehen) nur im engen politischen Sinn als Widerstand gegen den Diktator zu sehen: Tyrannenmord als gewaltsame und einzige Möglichkeit, sich des Führers zu entledigen. Es wäre ein ‚nachgeholter' Widerstand, dessen Gewaltsamkeit auch Marios Charakter eines schlichten, träumerischen, zurückhaltenden jungen Mannes widerspräche. Genauso gut kann Marios Tat als rein persönliche verstanden werden, als spontaner, verzweifelter Versuch, seine Würde und vielleicht auch die seiner geliebten Silvestra wiederherzustellen.

Ein alter Bekannter: der Künstler

KURZINFO

Bild des Künstlers

- Cipolla wird als dekadenter Künstler dargestellt.
- Seine Hybris rückt ihn in die Nähe zum Verbrechertum.
- Den Menschen und dem Leben gegenüber beweist er kalte Distanz.

Die Erzählung *Mario und der Zauberer* ist nicht nur im historisch-politischen oder sozialpsychologischen Sinn

Künstler und sein schwieriges Verhältnis zum Leben

die Darstellung eines faschistischen Demagogen und seines Volkes oder eines Führers und der ihm folgenden Masse, sondern handelt auch von einem der wichtigsten und grundlegenden Themen im Gesamtwerk Thomas Manns: dem Künstlertum und seinem schwierigen Verhältnis zum Leben.

Cipolla als Künstler der Dekadenz

Cipolla, der Zauberer, ist nämlich zuallererst ein Künstler, der eine Vorstellung gibt. Vom Erzähler wird er als „Unterhaltungskünstler" (32) angekündigt. Bevor das volle Ausmaß seines ganz speziellen Künstlertums deutlich wird, fällt bereits die Beschreibung seines Äußeren auf: Er ist hässlich, bucklig, seine Gesundheit scheint angegriffen und seine nachlassende Vitalität kann nur mittels unterstützender Drogen (Nikotin und Alkohol) befeuert werden. Diese körperliche Gebrechlichkeit, noch unterstrichen durch die merkwürdige Stillosigkeit seiner Kostümierung, lässt ihn wie jenen Künstlertyp der Dekadenz wirken, der uns immer wieder in Werken Thomas Manns begegnet. Dazu gehört auch die Lebensferne in Form der sexuellen Entbehrung, die in Cipollas eifersüchtig-gehässigem Sticheln gegen den vermutlichen Frauenliebling Giovanotto deutlich wird.

Konzentration auf die geistigen Fähigkeiten

Das Degenerative seiner äußeren Gestalt kompensiert der Zauberer durch eine Überentwicklung des Geistes, das heißt, die Konzentration auf seine rhetorischen, hypnotischen, psychologischen Fähigkeiten, die die Bewunderung nicht nur des Publikums, sondern auch des Erzählers hervorrufen. Cipolla unterstreicht diese Fähigkeiten durch seine offensichtliche Arroganz und seine permanenten Selbstpreisungen, „in unbestimmten, anmaßenden und reklamehaften Ausdrücken" (65). Sein Auftritt erinnert auch immer wieder an den eines Hochstaplers: „Die Vermutung regte sich schon, daß der Mann unter falscher Flagge segelte; nur welches seine richtige war, blieb undeutlich." (51)

In seiner kalten Egozentrik, seinem Narzissmus und der Überbetonung des Geistes repräsentiert der Zauberer Cipolla genau diesen Künstlertyp. Immer wieder nimmt er den Kampf mit dem Leben auf, verkörpert zum Beispiel in der Jugend, Vitalität oder Schönheit seiner ‚Opfer', und erlangt Genugtuung, Selbstbestätigung, höhnische Freude aus deren Unterwerfung unter seinen Willen. Er liebt die Menschen nicht.

Keine Liebe zu den Menschen

Im Jahre 1939, zehn Jahre nach der Entstehung von *Mario und der Zauberer*, hat Thomas Mann seinen Essay *Bruder Hitler* veröffentlicht. In dem Gebaren des deutschen Diktators, vom Autor als „Viertelskünstler" bezeichnet (zit. nach: Bernd Hamacher, *Thomas Mann. „Mario und der Zauberer". Erläuterungen und Dokumente*, 2006, S. 67), sieht Thomas Mann eine Art von Künstlertum, das er zutiefst verabscheut. Wenn er die Erscheinungsformen dieses Künstlertums Hitlers beschreibt, wirkt dies in großen Teilen wie eine prägnante, nachträgliche Charakterisierung des Zauberers Cipolla und seines Auftrittes in der 1930 erschienenen Erzählung:

Cipolla: Parallelen zu *Bruder Hitler*

> „Dazu […] die Wut auf die Welt, der revolutionäre Instinkt, die unterbewußte Ansammlung explosiver Kompensationswünsche, das zäh arbeitende Bedürfnis, sich zu rechtfertigen, zu beweisen, der Drang zur Überwältigung, Unterwerfung, der Traum, eine in Angst, Liebe, Bewunderung, Scham vergehende Welt zu den Füßen des einst Verschmähten zu sehen …" (Zit. nach: ebd., S. 69)

Eine wichtige Aussage des Aufsatzes über Hitler ist aber ebenso, dass der Autor Thomas Mann diesen Künstler zwar verabscheut, ihn aber als „Charakter und Schicksal" auch „interessant" (zit. nach: ebd., S. 67), sogar faszinierend findet – und sicher auch seiner eigenen, immer wieder als schwierig empfundenen Künstlerexistenz gefährlich nahe (daher wohl der etwas verstörende Titel des Essays). Diese Reaktion kann nun in der Erzählung *Mario und der Zauberer* in der Figur des Erzählers, dem Alter Ego des Autors Thomas Mann, nachvollzogen werden. Bei aller zunächst ironischen Distanz ist auch der Erzähler immer stärker beeindruckt von den Künsten des Zauberers – die Faszination geht bis zur völligen Aufgabe jeglicher Aktivität und Initiative. Die Nähe, die Thomas Mann, repräsentiert durch seinen Erzähler, für sich zum erschreckenden Künstler Cipolla herstellt, ist durch den Titel der Novelle schon angedeutet: „Zauberer" wurde Thomas Mann innerhalb seiner Familie genannt.

Faszination des Erzählers (und des Autors) durch den Künstler

Figurenkonstellation

Mario

KURZINFO

Opfer und Rächer

- Mario spielt erst am Ende eine Rolle als letztes „Opfer" Cipollas.
- Er ist etwa 20 Jahre alt, arbeitet als Kellner und wirkt träumerisch, schwermütig, sympathisch.
- Er wird von Cipolla gedemütigt und erschießt ihn – ein für den Erzähler befreiendes Ende.

Anfänglich spielt Mario eine nebensächliche Rolle

Als Erstgenanntem im Titel der Novelle scheint Mario eine der Hauptrollen in der Geschichte zuzukommen. Erst am Ende wird er dieser Lesererwartung gerecht; im größten Teil der Erzählung spielt er eine auffällig nebensächliche Rolle. Zu Beginn wird er vom Erzähler innerhalb seiner Beschreibung der Urlaubssituation kurz eingeführt und zugleich wieder aufs erzählerische Abstellgleis geschoben: „[…] wo Mario uns bediente, derselbe Mario, von dem ich dann gleich erzählen werde!" (12) Dieses „gleich" lässt auf sich warten – erst in einer weiteren Situationsbeschreibung, dem detaillierten Erzählerbericht über den Saalbau und das Publikum vor Beginn der Zaubervorstellung, taucht Mario wieder auf.

Im Publikum während der Vorstellung

Die aufgeregten Kinder des Erzählers haben ihn unter den Wartenden ausgemacht: „Sieh doch, da ist sogar Mario vom ‚Esquisito', Mario, der uns die Schokolade bringt!" (36) An dieser Stelle klingt auch erstmals ein Ansatz einer individuellen Charakterisierung an, die auf eine gewisse träumerische Abwesenheit des jungen Mannes schließen lässt: „[…] aber er bemerkt uns nicht, er gibt nicht acht, das ist so seine Art, obgleich er ein Kellnerbursche ist." (Ebd.) Bei seinem nächsten Erscheinen innerhalb der Handlung – inzwischen in der Vorstellungspause – ist Mario aufmerksamer, er antwortet lächelnd auf den spielerischen Zuruf der Kinder. Vielsagend und vorausdeutend kommentiert der Erzähler: „Wir bekamen Gründe, dies freundliche und etwas zerstreutmelancholische Lächeln im Gedächtnis zu bewahren." (79)

Der vierte Auftritt Marios ist gleichzeitig Höhe- und Wendepunkt sowie die Schlussszene der Novelle – und dieses Mal wird die Situation in zeitdeckender, wenn nicht zeitdehnender Genauigkeit und Ausführlichkeit vom Erzähler geschildert. Der Zauberer Cipolla befindet sich auf dem Gipfel seiner triumphalen Vorstellung, als er – sozusagen als letztes Opfer – Mario zu sich auf die Bühne winkt. Der Erzähler betont, dass Mario gezögert habe und auch vorher den Darbietungen ohne großen Eindruck gefolgt sei (vgl. 94 f.), jetzt aber Cipollas Aufforderung dann doch Folge leistet:

Höhepunkt und Wendepunkt: Mario wird auf die Bühne geholt

> „Das lag schon in seinem Beruf; und außerdem war es wohl eine seelische Unmöglichkeit, daß ein schlichter Bursche wie er dem Zeichen eines so im Erfolg thronenden Mannes, wie Cipolla es zu dieser Stunde war, hätte den Gehorsam verweigern sollen." (95)

Durch diese Mutmaßung des Erzählers wird der Leser eigentlich darauf vorbereitet, dass Mario ein weiteres, nur zu willfähriges Opfer des Triumphators Cipolla und über kurz oder lang in das tanzende „Zappelkorps" (101) auf der Bühne eingereiht werden wird.

Marios „primitive Schwermut"

Die sich anschließende, sehr genaue Charakterisierung des jungen Mannes durch den Erzähler, die sowohl seine äußere Erscheinung als auch Züge seines Wesens umfasst, verstärkt noch diese Erwartung, dass Mario Cipolla nicht gewachsen sein wird. Das Aussehen des etwa zwanzigjährigen Kellners, mit den „zu schweren Lidern über den Augen", den „Wulstlippen" (95), erwecken beim Erzähler den Eindruck einer „primitive[n] Schwermut" (95 f.), die ihn gleichwohl sehr sympathisch macht. Ebenso seine „träumerische, leicht in Geistesabwesenheit sich verlierende Art" (96), seine Freundlichkeit, die nicht gewollt ist, sein Verzicht auf künstliche Liebenswürdigkeit und die Abwesenheit jeglicher Gefallsucht. Alle diese Eigenschaften haben ihn nicht nur für den Erzähler und seine Familie besonders erinnerungswert gemacht, sondern stehen auch in krassem Gegensatz zur Figur Cipollas.

Cipolla treibt sein Spiel mit Mario

Auf der Bühne wird Mario nach und nach in Cipollas teuflisches Spiel hineingezogen; zunächst muss er – wie viele andere vor ihm – den gemäßigten Spott des Zauberers über seinen (Marios) antiken Namen, seine Kleidung, seinen angenommenen Erfolg bei den Frauen hinnehmen. Der Spott verschärft sich, „zum Gaudium des Publikums" (100), als Cipolla den sicherlich mit den mythologischen Anspielungen unvertrauten Mario als „Ganymed" bezeichnet, ihn also mit dem Mundschenk und Liebhaber des Gottes Zeus vergleicht. Hier ist es vor allem die homoerotische Anspielung, die Cipollas spätere ‚Verführung' Marios vorwegnimmt. Der junge Mann spielt zunächst mit, eher gleichmütig, dann sogar lächelnd.

Mario küsst Cipolla unter Hypnose

Erst als der Zauberer (mithilfe von Marios wahrscheinlichem Nebenbuhler Giovanotto) seinen wunden Punkt, seinen Liebeskummer, errät, zeigt Mario heftige Ablehnung, will sogar von der Bühne fliehen. Nachdem Cipolla auch noch den Namen von Marios Liebe, Silvestra, erfahren hat, beginnt er mit der Hypnose des jungen Mannes, auf deren Höhepunkt er sich von diesem küssen lässt. Der Erzähler, der schon vorher Marios Empfänglichkeit erwähnt hat („Er schien seine Lage und das Publikum vergessen zu haben", 102), beschreibt mitleidig den Anblick des überwältigten Jungen in seiner größten Demütigung: „[D]as war eine Preisgabe des Innigsten, die öffentliche Ausstellung verzagter und wahnhaft beseligter Leidenschaft." (104)

Marios Motive sind mehrdeutig

Marios „Glück" ist zugleich für die Zuschauer erkennbar perfekte „Illusion" (105) – als dieser Illusionscharakter auch Mario ins von Cipolla wieder erweckte Bewusstsein dringt, ist das der Auslöser für die schon mehrfach angekündigte Katastrophe. An der Körpersprache Marios werden sein tiefes Entsetzen und seine Scham deutlich; seine Tat, die Schüsse auf Cipolla, ist (vor allem auch in ihrer übertragenen Bedeutung) nicht mit letzter Bestimmtheit und Ausschließlichkeit zu deuten. Die Motivation hat viele Facetten:

- Rache für die Bloßstellung und Verwirrung seiner Gefühle,
- Wiederherstellung seiner und auch Silvestras Würde,
- späte Behauptung seines Eigenwillens bzw. seiner Selbstbestimmung gegenüber den auf Selbstverlust zielenden Machenschaften des Hypnotiseurs,
- Auflehnung des Menschlichen gegen das Dämonische.

Und selbst wenn die Tat ins Politische überhöht wird – Auflehnung gegen den Diktator, gewaltsame Beseitigung des Tyrannen –, am eindrücklichsten bleibt die Tatsache, dass der Erzähler die Tat nicht verurteilt, sie überhaupt nicht im strafrechtlichen Sinne betrachtet (das Erscheinen der Karabiniere wird nur kurz erwähnt, auch wird nichts über Marios Schicksal bekannt), sondern sie als „befreiendes Ende“ (107) sieht. In diesem Sinne erfüllt Mario hauptsächlich eine Stellvertreterfunktion: Für den Erzähler hat er das getan, was alle, einschließlich des in Passivität verharrenden Erzählers, schon längst hätten tun sollen, nämlich der Situation ein Ende zu bereiten und sich vom Einfluss Cipollas zu befreien.

Für den Erzähler ist Marios Tat die stellvertretende Befreiung von Cipolla

Cipolla

KURZINFO

Der große Manipulator

- Der Zauberer ist eine Person mit vielen Facetten.
- Er ist hässlich und verwachsen, trägt altmodische und unpassende Kleidung.
- Im Kontrast dazu ist er sowohl redegewandt als auch überheblich und kommuniziert ständig mit dem Publikum.
- Der einzige Zweck seines Auftritts besteht in der „Demonstration der Willensentziehung und -aufnötigung“ (80) durch Hypnose.
- Seine Hilfsmittel dabei sind Alkohol und Reitpeitsche.
- In der Demütigung Marios geht er zu weit und wird durch diesen getötet.

Die zweite im Titel genannte Figur ist in der Tat eine Hauptfigur. Der Zauberer, der am Ende des ersten Teils angekündigt wird, trägt den sprechenden Namen Cipolla (dt. „Zwiebel“) – und wie bei einer Zwiebel werden nach und nach die verschiedenen Seiten seiner Persönlichkeit freigelegt, einer Persönlichkeit ohne einen entscheidenden Kern: Menschlichkeit. Darüber hinaus hat der Name auch literarische Vorlagen. So trägt in der 10. Erzählung von Giovanni Boccaccios Novellensammlung *Il Decamerone* (1349–53) ein redegewandter und betrügerischer Mönch diesen Namen, und in Heinrich Manns Roman *Die kleine Stadt* (1909) gibt es ein Fürstengeschlecht dieses Namens, dessen Herrschaft zu Ende geht.

Cipolla als Hauptfigur

Die Berufsbezeichnungen in Cipollas Ankündigung, „Forzatore, Illusionista und Prestidigitatore“ (32), sind wenig geeignet, eine klare Auskunft über die zu erwartende Vorstellung zu geben. Diese Verwirrung wird nach den anfänglichen Handlungen Cipollas, die in die erste Hypnose Giovanottos münden, noch verstärkt: „Übrigens war klar, daß die Leute nicht wußten, was sie aus einer so ungereimten Eröffnung einer Taschenspielersoiree machen sollten" (45 f.). Zuvor hat der Zauberer durch zeitliche Verzögerung seines Auftritts das Publikum in zusätzliche Spannung versetzt und nach seinem Erscheinen durch stummes Stehen, Umherblicken und Rauchen diese Spannung bis zur Provokation gesteigert, was dann auch prompt zur offensichtlich höchst willkommenen Reaktion Giovanottos führt. Schon hier wird deutlich, wie sehr Cipolla den Abend orchestriert und sein Publikum beherrscht.

Am Anfang der Vorstellung kein klares Bild

Hässlichkeit Cipollas

Der Erzähler beschreibt den Zauberer an verschiedenen Stellen ausführlich, zum Beispiel sein hässliches, krankhaft-degeneriertes Äußeres mit den „stechenden Augen" (39), den „schadhaft abgenutzten, spitzigen Zähnen" (41) und dem „Hüft- und Gesäßbuckel" (51): ein Bild des dekadenten Künstlers. Cipollas ausgefallene, uneinheitliche, keinesfalls von hoher gesellschaftlicher Stellung zeugende Kleidung sowie das permanente Rauchen billigster Zigaretten und die nach und nach deutlich werdende Abhängigkeit vom Cognac tragen weiter zu dem abstoßenden Gesamtbild bei.

Cipollas brillante Rhetorik

Am auffälligsten ist aber die – seine Hässlichkeit in gewisser Hinsicht kompensierende – Redegewandtheit, die ebendiese physischen Beeinträchtigungen thematisiert und damit gleichsam wirkungslos macht: „Übrigens war der Unzuträglichkeit durch ihre Erwähnung gleichsam die Spitze abgebrochen worden, und zivilisiertes Feingefühl beherrschte […] spürbar den Saal." (Ebd.) Der Zauberer sucht von Anfang an die permanente Kommunikation mit dem Publikum, er lässt nicht nach in seinen Reden, wobei er dosiert Schmeichelei, Spott und Konfrontation einsetzt, um alle Teile seines Publikums zu fesseln.

Dabei fällt es schwer, in ihm (wie oft geschehen) einen eindeutig faschistischen Charakter zu sehen. Er ist keine einheitliche Persönlichkeit, sondern verfügt über eine Vielzahl von Rollen, in denen er agiert und so die anfänglich noch zu differenzierenden Zuschauer und Mitspieler nach und nach zu einer ihm gehorchenden Einheit macht. So führt er einerseits patriotische Reden, erwähnt den Bruder des Duce – und stellt sich andererseits in offene Gegnerschaft zu Giovanotto mit dem schwarzen Kraushaar, der „Modefrisur des erweckten Vaterlandes“ (43). Er spricht angesichts der nicht schreiben könnenden jungen Burschen vom Italien, „dessen Größe der Unwissenheit und Finsternis keinen Raum bietet“ (55), um andererseits den Colonnello daran zu hindern, den Arm zum Gruß zu heben oder ebenjenen römischen Gruß (Zeichen der Faschisten) im Gespräch mit Mario zweimal zu karikieren.

Cipolla kein eindeutig faschistischer Charakter

Virtuos aktiviert Cipolla bei seinen Versuchspersonen, zum Beispiel Signora Angiolieri und natürlich auch Mario, Situationen und Beziehungen von Bedeutung, um diese dann für seine Zwecke der Willensentziehungs zu nutzen. Sein wichtigstes Utensil (neben den zur Erhaltung seiner Kraft wichtigen Drogen Nikotin und Alkohol) ist die Reitpeitsche mit dem Klauengriff, das „beleidigende Symbol seiner Herrschaft“, die „pfeifende Fuchtel“ (81). Sie ist augenfälliges Symbol für Cipollas sadistische Züge: Er genießt es, sein Publikum zu demütigen und zu unterwerfen, ja, er braucht diese Unterwerfung (und damit generell das Publikum) zur Stärkung seiner narzisstischen Persönlichkeit. Dabei kann er auf vorhandene masochistische Bedürfnisse im Publikum setzen, wenn zum Beispiel über den besonders empfänglichen Jüngling gesagt wird: „Auch schien er in der Hörigkeit sich ganz zu behagen und seine armselige Selbstbestimmung gern los zu sein“ (88). Umgekehrt zeigt auch Cipolla masochistische Züge, wenn er sich als Ausführender eines Gemeinschaftswillens ausgibt oder behauptet, nicht der brettstarre Jüngling, auf dem er sitzt, sondern er selbst leide.

Herrschaftssymbol: Peitsche

Sadismus und Masochismus

Zu seinem selbstgefälligen und arroganten Charakter gehört, dass der Zauberer sein Publikum an keiner Stelle über seine Absichten im Unklaren lässt. Die ununterbrochene Rede beinhaltet nicht nur Selbstpreisungen,

Cipolla verhehlt seine Absichten nicht

sondern auch seine ganz persönliche permanente, wenn auch umschreibende Aufklärung der Untergebenen über sein wahres Ziel, das der Erzähler später als „Demonstration der Willensentziehung und -aufnötigung" (80) beschreibt:

> „Übrigens sorgte Cipolla selbst dafür, daß der Charakter seiner Künste jedem irgendwie Wissenden unzweifelhaft wurde, freilich ohne daß ein Name, ein Terminus fiel." (65)

Immer wieder betont er dabei seine Selbstüberzeugung, zum Erfolg zu kommen, verunsichert damit die Zweifelnden und Widerständigen: „‚Sie werden mir [...] damit meine Aufgabe etwas erschweren. An dem Ergebnis wird Ihr Widerstand nichts ändern.'" (67) So kommt es zu der paradoxen Situation, dass das Publikum für den Zauberer offenkundig keinerlei Sympathie empfindet, von dessen Leistungen, verbunden mit der Kraft durch Alkohol und die Peitsche, gleichwohl fasziniert und am Ende berauscht ist.

Scheitern am Ende selbstverschuldet

Auch das Scheitern Cipollas am Ende ist von ihm selbst herbeigeführt: Er geht zu weit. Auf dem Höhepunkt seiner Macht mag seine Kraft oder auch seine Konzentration nachlassen (er sitzt „in lässiger Haltung", blickt „lachend" ins Publikum, 93); wohl will er auch in dem jungen Mario noch ein besonders harmloses Opfer vorführen. Die schon vorher so oft gezeigte Hypnose bekommt an dieser Stelle noch eine eindeutig sexuelle, homoerotische Komponente. Schon früh am Abend fallen dem Erzähler an Cipolla Zeichen von dessen sexuellem Entzug, von eifersüchtigem Neid auf die jungen, schönen Männer im Publikum auf. So stichelt der hässliche Zauberer gegen Giovanotto, bezeichnet ihn zweideutig als „Türmer der Venus" (57). Auch der junge Herr „mit stolz geschnittenem Gesicht" (67) gehört zu seinen bevorzugten Opfern. Im Falle der Signora Angiolieri nutzt er die Suggestion auch als Demonstration seiner sexuellen Überlegenheit gegenüber ihrem Mann.

Cipollas latente Homoerotik

Marios Demütigung geht zu weit, kann nur dessen Aggression hervorrufen

Im Falle Marios geht Cipolla aber noch weiter: Er erschleicht sich sozusagen die Zärtlichkeit, instrumentalisiert Marios zweifellos vorhandenen erotischen Wünsche für seine eigene Befriedigung. So kommt es zu der „traurigen und skurrilen Vereinigung von Marios Lippen mit dem abscheulichen Fleisch, das sich seiner Zärtlichkeit unterschob“ (105). Cipolla hat die empfindlichste Grenze der individuellen Persönlichkeit missachtet, die Scham und tiefste Verletzung seines Opfers Mario kann nur noch durch Aggressivität kompensiert werden und richtet sich gegen den Erzeuger der Illusion. Die Beschreibung des toten Cipolla am Ende reflektiert die hilflose Verachtung und die beginnende Distanzierung des Erzählers von dem Verführer, die gleichwohl nicht seiner eigenen entschlossenen Handlungsweise oder den Widerständen des Publikums, sondern der Tat eines Einzelnen geschuldet ist:

> „Er […] sackte im nächsten Augenblick mit auf die Brust kugelndem Kopf auf den Sitz zurück und fiel im übernächsten seitlich davon herunter, zu Boden, wo er liegen blieb, reglos, ein durcheinandergeworfenes Bündel Kleider und schiefer Knochen.“ (106f.)

Der Erzähler

KURZINFO

Beobachter des Geschehens und Gegenspieler Cipollas

- Der Ich-Erzähler ist zugleich Handelnder und rückblickender Berichterstatter.
- Er lässt keinen Zweifel an seinem Unbehagen über das Erlebte, leidet an der Atmosphäre und den Unannehmlichkeiten im Hotel und am Strand.
- In seiner Passivität kann er sich nicht zur Abreise entschließen.
- Während der Vorstellung hat er zunächst die Rolle des kritischen Beobachters, ist dann aber zunehmend fasziniert von Cipollas Tun.
- Marios Tat „befreit“ ihn.

Erzähler als zweite Hauptfigur

Der Erzähler in *Mario und der Zauberer* ist immer präsent, nicht nur als Teil der Handlung, sondern auch als rückblickend Kommentierender und Reflektierender. Im Grunde ist er und nicht Mario die zweite Hauptfigur in der Novelle – und wenn man ihn einerseits auch als Gegner Cipollas bezeichnen kann, so wird dieses allzu vereinfachte Verhältnis nicht ganz zufriedenstellen.

Vorankündigung des katastrophalen Endes

Von Anfang an lässt der Erzähler keinen Zweifel an der ihn belastenden Geschichte aufkommen und relativiert somit jegliche Spannung beim Leser. Es ist bereits von einem „Ende mit Schrecken“, sogar von einer „Katastrophe“ (9) die Rede. Informationen über ihn und seine Familie (ein Deutscher, der mit Ehefrau und zwei Kindern Ferien in einem italienischen Badeort verbringt) müssen en passant erschlossen oder auch nur erraten werden. Wichtiger ist, dass der Leser anhand der Erzählweise vieles über Charaktereigenschaften und innere Entwicklung des Erzählenden erfährt. Dabei spricht dieser zwar häufig von „wir", womit wohl das Elternpaar gemeint ist, die Frau kommt als eigenständige Figur allerdings nie vor, lediglich einmal wird sie überhaupt als Person erwähnt, als von der Pause der Vorstellung berichtet wird: „Sie [die Kinder] schliefen auf unseren Knien, die Kleine auf den meinen, der Junge auf denen der Mutter." (76) Es ist davon auszugehen, dass allein seine Gedanken und Beurteilungen wichtig sind – eine Egozentrik, die er mit Cipolla teilt.

Unbehagen und Missfallen über Ereignisse in Torre

Im ersten Teil tut der Erzähler alles, um dem Leser sein Unbehagen, sein Missfallen, auch seinen Zorn über die Situation in Torre di Venere spüren zu lassen. Nichts gefällt ihm so recht: die Fülle, der Lärm, die Hitze. Am meisten empört ihn die ungerechte Behandlung im Grand Hôtel durch den Manager, der ganz offensichtlich die italienische Kundschaft bevorzugt. Der Erzähler setzt seine Empörung aber nur bedingt in Gegenwehr und offene Kritik um. Beim ersten Mal verzichtet er ganz auf Klarstellung, beim zweiten Mal weicht er mit seiner Familie der weiteren Konfrontation nach dem für ihn günstigen Urteil des Doktors durch den Umzug in eine Privatpension aus. Sein Widerstand spielt sich nur im Geiste ab: „[I]ch persönlich gestehe, daß ich schwer über solche Zusammenstöße mit dem landläufig Menschlichen, dem naiven Mißbrauch der Macht, der Ungerechtigkeit, der kriecherischen Korruption hinwegkomme." (19)

Passivität

Sein Gerechtigkeitssinn bleibt aber stumm, stattdessen wird seine Urlaubsstimmung beeinträchtigt. Am Strand ergeben sich für den Erzähler weitere Situationen, die die unschöne Atmosphäre noch verschlimmern: der grässliche Fuggièro, die politisierten Kinder, chauvinistische Erwachsene und als Gipfel die moralisierende Strafpredigt nebst Geldbuße anlässlich der unschuldigen Nacktheit seiner kleinen Tochter. Dabei wird aber

Erzähler wirkt selbst arrogant und intolerant

auch deutlich, dass er Eigenschaften, die er an den italienischen Einheimischen kritisiert, durchaus selbst zeigt: Es zeugt von nationaler Arroganz und auch Intoleranz, wenn er von „menschlicher Mediokrität und bürgerlichem Kroppzeug“ (22) unter der italienischen Strandbevölkerung spricht. Mit unverhohlener nordischer Herablassung urteilt er über Sonne und hochsommerliches Klima: „Aber nach einer Weile, ich kann mir nicht helfen, werde ich leicht dahin gebracht, es stumpfsinnig zu finden.“ (20 f.)

Keine überzeugende Rechtfertigung für sein Bleiben

All dies führt zu der Frage, warum der Erzähler nicht die einzig sinnvolle Konsequenz gezogen hat: die Abreise. Seine Begründung im Sinne einer Rechtfertigung wirkt fast ein wenig fadenscheinig – der Aufenthalt sei „merkwürdig“ (30) geworden, was einen Wert an sich bedeute. Äußere Umstände, wie die Sympathiebekundungen anderer Gäste, der Beginn der Nachsaison, die langsame Beruhigung des Lebens, kommen hinzu. Insgesamt entsteht aber schon in diesem ersten Teil von dem Erzähler der Eindruck einer eigenartigen Passivität, gemischt mit einer gewissen Neugier und ungewollten Faszination, die wohl weitere Beobachtungen erforderlich macht.

In der Vorstellung zunächst distanzierter Beobachter

Diese Rolle des Beobachters übernimmt der Erzähler zu Beginn des zweiten Teils, der Zaubervorstellung. Ausführlich, detailverliebt und zugleich wertend beschreibt er nacheinander die Örtlichkeiten, die verschiedenen sozialen Gruppen im Publikum und schließlich den Zauberer selbst. Dabei wirkt er distanziert und sachlich-kühl. Diese Haltung ändert sich langsam, fast unmerklich, aber stetig. Ein kleines Detail markiert den Anfang; nachdem Cipolla Giovanotto das erste Mal in die Schranken gewiesen hat, erwähnt der Erzähler: „[…] und ich erinnere mich, daß ich unwillkürlich mit den Lippen leise das Geräusch nachahmte, mit dem Cipolla seine Reitpeitsche hatte durch die Luft fahren lassen.“ (45)

Beginnender Distanzverlust

Dies ist der Beginn des zunehmenden Distanzverlustes des Erzählers während der Vorstellung, er gibt immer mehr die Position des Außenstehenden, unbeteiligt Beobachtenden auf. Dabei wird er nicht vom Zauberer direkt an dessen Vorführungen beteiligt (er gehört schließlich zu dem Teil des Publikums, das der Stratege Cipolla wohlweislich nicht behelligt), aber seine innere Beteiligung wächst. Dies wird deutlich durch seine immer wieder eingestreuten Kommentierungen und Reflexionen, die seine starke emotionale Beschäftigung mit dem Geschehen und auch seine steigende Bewunderung für den Zauberer spiegeln. Der Erzähler äußert zwar rational begründete, fast schon herablassende Kritik, spricht von „neugierig-verächtlichen und kopfschüttelnden Einblicke[n] in den zweideutig-unsauberen und unentwirrbaren Charakter des Okkulten“ (69) – nur um kurz darauf entschuldigend zu relativieren: „Ich sage nur, daß alle Verhältnisse natürlich sich verstärken, der Eindruck nach jeder Seite an Tiefe gewinnt, wenn ein Cipolla Leiter und Hauptakteur des dunklen Spieles ist.“ (70)

Steigende Bewunderung für den Zauberer

Die ganze Zeit ist der Erzähler sich auch seiner Verpflichtungen als Vater bewusst, räsoniert ausführlich (und in Steigerung seiner Argumente aus dem ersten Teil) über seinen bzw. der Eltern Verbleib in der Vorstellung, obwohl deutlich ist, „daß dies gar nichts für Kinder war“ (64). Wenn er und seine Frau schließlich in der Vorstellung bleiben – trotz der Erkenntnis, dass sie der Kinder wegen eigentlich gehen müssten –, so ist das parallel zu sehen zu den aktiven Demonstrationen der „Willensentziehung und -aufnötigung“ (80), die Cipolla mit anderen Teilnehmern auf der Bühne veranstaltet. Und obwohl zwischen dem Erzähler und dem Zauberer nie eine solche direkte Konfrontation stattfindet, hat der Erzähler damit nicht nur seine Distanz, sondern auch seine Autonomie verloren, wird zu einem Mitglied der Masse, des unterworfenen Publikums.

Beharrlichkeit der Kinder als Entschuldigung für sein Bleiben

Verlust der Integrität

Dies spiegelt sich auch sprachlich im letzten Teil der Erzählung, wo dem Erzähler zusehends die Struktur seines Berichtes verloren geht: „Ich habe vorgegriffen und die Reihenfolge ganz beiseite geworfen.“ (83) Er erzählt nicht mehr chronologisch, sondern greift heraus, vor und zurück. Seine Wortwahl, besonders im Hinblick auf Cipolla und sein Wirken, verliert weiter die Aura der Sachlichkeit, wirkt emotional-übertrieben, emphatisch, teils verwirrend widersprüchlich, was die ganze Irrationalität der Erfahrungen verdeutlicht. So spricht er von

Einblicken „vom Unscheinbaren bis zum Ungeheuerlichen" (81), vom „natürlich-unheimliche[n] Feld" (ebd.), vom Anblick Cipollas, des „Unholds im Salonrock" (82). Auch seine Reflexionen und Rechtfertigungen im Hinblick auf seinen Verbleib und die Anwesenheit der Kinder gibt er vollständig auf:

> „Hier war nicht gut sein, für sie am wenigsten, und daß wir sie immer noch nicht fortgeschafft hatten, kann ich mir nur mit einer gewissen Ansteckung durch die allgemeine Fahrlässigkeit erklären, von der zu dieser Nachtstunde auch wir ergriffen waren. Es war nun schon alles einerlei." (93)

Dies ist eine schwache Entschuldigung und die endgültige Kapitulation vor Cipolla und der von ihm geschaffenen rauschhaften Stimmung im Saal.

Intensität der Faszination erst durch Marios Tat beendet

Auch die detaillierte und emotional beteiligte Art, wie er am Ende der Erzählung (und trotz des zeitlichen Abstands) die Verzauberung Marios wiedergibt, zeigt das vollkommene Gefangensein des Erzählers von der Situation: „Der Augenblick war grotesk, ungeheuerlich und spannend" (105). Insgesamt relativiert sich also die Auffassung vom Erzähler als dem Antagonisten (Gegenspieler) Cipollas; vielmehr zeugt es von ehrlicher, wenn auch schmerzhafter Selbstreflexion, dass er das katastrophale Ende als Befreiung von dem dämonischen Zauberer empfindet.

Die Kinder

KURZINFO

Gestalter des Verlaufs der Handlung

- Die Kinder des Erzählers wirken unschuldig, offen, spontan, neugierig; sie stehen modellhaft für die rückhaltlose Begeisterung für den Zauberer.
- Fuggièro ist dagegen ein abstoßender, böswilliger Junge am Strand; die Verkörperung der dortigen unangenehmen, unnatürlichen Stimmung.
- Er erscheint als Vorläufer Cipollas.

In der Erzählung spielen verschiedene Kinder eine wichtige Rolle. Da sind zunächst die Kinder des Erzählers. Sie sind die Prototypen unschuldig-natürlicher, ungezwungener und neugierig-erforschender Menschen, zeigen Herzlichkeit und Offenheit auch gegenüber den Fremden und kennen keinerlei nationale Schranken. Ihr gutes Verhältnis zum einheimischen „Volk", den Hotelangestellten, Fischern, Bootsverleihern wird immer wieder betont. Umso mehr leiden sie unter den chauvinistischen Verhaltensweisen der anderen Kinder und den für sie unverständlichen Aktionen der Erwachsenen wie dem moralisierenden Herrn am Strand. Dieses muss ihnen von der Eltern als eine Art „Krankheit" (25) erklärt werden. Die Kinder vergessen aber auch schnell, sind nicht so nachtragend wie ihr sich beständig ärgernder Vater, verwinden schnell, dass sie im Hotel nicht auf der Veranda sitzen dürfen, und wenden sich in ihrer Spontanität anderen Dingen zu: „[...] die Kinder, sofort befreundet mit Kellnern und Pagen, von Meereslust ergriffen, hatten sich jene farbige Lockung sehr bald aus dem Sinn geschlagen." (15)

Ankündigung des Zauberers erweckt die Neugier der Kinder

Die Ankündigung des Zauberkünstlers elektrisiert die Kleinen; ihre natürliche Neugier und Abenteuerlust, ihr Drang nach Aktivität und Neuentdeckungen werden sofort angesprochen, so dass sie mit großer Hartnäckigkeit ihr Ziel, den Besuch der Zaubervorstellung, verfolgen. Dabei treffen sie bei ihren Eltern, die in einer gewissen lähmenden Passivität zu verharren scheinen, auf keinen großen Widerstand.

Während der Vorstellung rückhaltlose Begeisterung

Während der Vorstellung werden die Kinder in ihren Reaktionen ungewollt zu einem Modell für die schrankenlose Begeisterung für den Zauberer und somit die totale Vereinnahmung durch den Führer der Massen. Dieses Modellhafte wird umso erschreckender, als klar ist, dass die Kinder ja die wahre Natur von Cipollas Darbietungen gar nicht verstehen, ihre Ratio also gar nicht einsetzen kann, und sie nur auf den äußeren Schein, sozusagen die künstlerische Präsentation, die Ästhetisierung der Macht reagieren und ‚hereinfallen'. „Die Kinder waren überwältigt." (63) „Ihre Unschuld entzückte sich immer wieder aufs neue an der außerordentlichen Erlaubnis, einem solchen Spektakel [...] beizuwohnen." (93) Diese Unschuld erspart ihnen andererseits, die Tragweite des Endes zu verstehen; sie bleiben in der Auffassung verhaftet (und werden von den Eltern auch darin bestärkt), einzig einem Schauspiel beigewohnt zu haben.

Verständnis für den wahren Charakter der Vorstellung fehlt

Kinder als Handlungsauslöser

Innerhalb des Handlungsaufbaus haben die Kinder die Funktion von Katalysatoren, das heißt, sie sind immer wieder an wichtigen Stellen des Handlungsverlaufs Auslöser für einzelne Handlungsschritte. Im Hotel führt ihr Wunsch, auf der Veranda mit den bunten Lämpchen zu sitzen, zur ersten Zurücksetzung durch den Manager. Die Reste eines Keuchhustens der Kleinen erschreckt eine italienische Fürstin im Hotel, was zum zweiten Eklat und letzten Endes zum Umzug in die Pension führt. Die Nacktheit der kleinen Tochter am Strand ruft die patriotischen Moralwächter auf den Plan. Ihr Wunsch, den Zauberer zu sehen, veranlasst die Eltern überhaupt erst, Karten für Cipollas Auftritt zu besorgen. Die Begeisterung und das Drängen der Kinder zwingt die Eltern dazu, bis zum Ende in der Vorstellung zu bleiben, wobei deutlich ist, dass dies dem Erzähler, der längst seiner eigenen Faszination unterliegt, durchaus als willkommener Vorwand und Entschuldigung für sein passives Verhalten dient.

Einheimische Kinder verhalten sich unnatürlich

Die einheimischen Kinder am Strand haben ihre Natürlichkeit und Unschuld verloren, zeichnen sich durch rätselhafte, für Kinder untypische Verhaltensweisen und patriotische Redensarten aus. Sie grenzen sich von den enttäuschten Kindern des Erzählers ab und werden dabei auch noch von einheimischen Erwachsenen unterstützt. Ein zwölfjähriger Junge, Fuggièro, erweist sich dabei als Meinungsführer. Der Erzähler beschreibt ihn als „abscheulichen Jungen mit ekelerregender Sonnenbrandwunde zwischen den Schultern“ (22) und spricht von dessen „Widerspenstigkeit, Unart und Bosheit“ (22 f.). Anhand von Fuggièros Verhalten in der Episode mit dem kleinen Taschenkrebs, der ihn in die Zehe zwickt, begründet der Erzähler sein harsches Urteil. Der Junge, anscheinend feige, überempfindlich und geltungssüchtig, erhebt in völliger Übertreibung des kleinen Missgeschicks ein „antikische[s] Heldenjammergeschrei“ (23) und lässt sich weder von fürsorglichen Erwachsenen trösten noch von dem geradlinigen, fachmännisch urteilenden Arzt von der Harmlosigkeit überzeugen. Stattdessen nutzt er – unter Einbeziehung einer nur zu willigen erwachsenen Gefolgschaft – das Ereignis für eine große Inszenierung des Leidens und wird auf

Fuggièro als Meinungsführer

einer Bahre fortgetragen. Der Erzähler vergisst nicht zu erwähnen, dass der Knabe am nächsten Tag mit unverminderter Hinterhältigkeit seine grausamen Strandspielchen (die Zerstörung der Sandbauten anderer Kinder) fortsetzt.

Fuggièros Verhalten als Vorbereitung von Cipollas Auftritt

Wenn der Erzähler zusammenfasst: „Dabei gehörte dieser Zwölfjährige zu den Hauptträgern einer öffentlichen Stimmung, die, schwer greifbar in der Luft liegend, uns einen so lieben Aufenthalt als nicht geheuer verleiden wollte" (24), dann drückt er damit nicht nur seine tiefe Abneigung gegen Fuggièro aus, sondern legt auch bereits eine Verbindung an zum zweiten Teil seiner Erzählung, dem Auftritt des Zauberers. Die abstoßende Hässlichkeit, die Selbstsüchtigkeit und das Geltungsbedürfnis, die Grausamkeit gegenüber anderen, das Ignorieren der Rationalität, der „Zulauf von allen Seiten" (23) – Fuggièro wirkt hier wie eine Vorstufe Cipollas, ein Cipolla im Kleinen, seine ‚Vorstellung' wie eine Vorwegnahme des Auftritts des großen Zauberers.

Signora Angiolieri

KURZINFO

Willenloses Opfer des Zauberers

- Die Signora lebt in ihren Erinnerungen.
- Diese Schwäche nutzt Cipolla zur Demonstration seiner dämonischen Macht aus.

Die Besitzerin der Pensione Eleonora spielt in beiden Handlungsteilen der Novelle eine begrenzte, aber nicht unerhebliche Rolle. Im ersten Teil wird sie mit ihrer behaglichen Privatpension – einer Dependance ihres „größere[n] Fremdenheim[s]" (17) in Florenz – zu einer Art Rettungsanker für die im Grand Hôtel so empörend behandelte Familie des Erzählers. Die Signora wird vom Erzähler als eine auffällige, attraktive Erscheinung beschrieben; sie sei „eine zierliche, schwarzäugige Dame, toskanischen Typs, wohl anfangs der Dreißiger, mit dem matten Elfenbeinteint der Südländerinnen" (ebd.). Damit hebt sie sich schon äußerlich von ihrem Ehemann und Mitbesitzer der Pensionen ab, der einen sehr

Auffällige, attraktive Erscheinung

unauffälligen und zurückhaltenden Eindruck macht (vgl. ebd.). Das hervorstechendste Merkmal der Signora ist aber eine Episode aus ihrer Vergangenheit: Sie war „Gesellschafterin, Reisebegleiterin, Garderobiere, ja Freundin der Duse gewesen“ (18). Ausführlich schildert der Erzähler die Fixierung der Signora auf diese Zeit, die sie wohl als glücklichste ihres Lebens betrachtet (vgl. ebd.). Nicht nur, dass die ganze Pension mit allerlei Memorabilia der Duse bestückt wurde (was natürlich nebenbei auch dem Geschäft zuträglich ist) – auch gibt Signora Angiolieri ihre professionelle Distanz auf, erwacht in ihren Erzählungen über diese Zeit erst zu „Lebhaftigkeit“ (ebd.) und zeigt eine bewundernde, kritiklose Liebe und Verehrung für die verewigte Herrin (vgl. ebd.).

Lebendige Erinnerungen

So ist der Aufenthalt in der Pension Eleonora einerseits für die Erzählerfamilie eine positive Erfahrung nach den Erlebnissen im Hotel: Es gibt internationale, offensichtlich niveauvolle Gäste und keine nationalistischen Dissonanzen. Andererseits ergeben sich unter der erzählerischen Oberfläche doch wieder mögliche Anspielungen an die vorherrschende Stimmung in Italien: Die legendäre Eleonora Duse war eine der größten und berühmtesten Schauspielerinnen ihrer Zeit, gleichwohl auch privat in einer jahrelangen rückhaltlosen und nahezu selbstzerstörerischen Liebesbeziehung mit dem umstrittenen italienischen Dichter Gabriele d'Annunzio verbunden, der später als politischer Aktivist eine wesentliche Rolle im italienischen Faschismus Mussolinis spielte. Die ihrerseits kultische Verehrung der Duse durch Signora Angiolieri spielt dann im zweiten Teil der Erzählung eine größere Rolle.

Anspielungen auf die Zeitgeschichte

Die Signora hat eine „Anzahl von Vorzugsplätzen für ihre Gäste“ (33) für die Vorstellung des Zauberers Cipolla, die sie auch der Erzählerfamilie verkauft; dies leitet über zum zweiten Teil der Handlung, zum Auftritt Cipollas. Die Angiolieris nehmen selbst auch an der Vorstellung teil und die Signora rückt noch zweimal in den Mittelpunkt des Geschehens. Kurz vor der Pause wird sie von Cipolla angesprochen, dem sie – nach Aussage des Erzählers – „verblüffende Wahrsagungen“ (74) entlockt. In einer langen, pathetischen Rede enthüllt Cipol-

Cipolla manipuliert Signora Angiolieri

la, dass er um die besondere Beziehung der Signora zu der großen Duse weiß, und spricht auch die Bedeutung der Schauspielerin für den Ruhm des Vaterlandes an, überhöht somit die private Beziehung ins Nationale (vgl. 75). Mit dieser Aktion – von der nicht einmal klar ist, ob er diese Informationen nicht schon vor seinem Auftritt einholte – hat Cipolla den wichtigsten Punkt in Signora Angiolieris Leben angesprochen und die sensible „kleine Frau" (ebd.) für eine noch dramatischere Demonstration nach der Pause vorbereitet.

Der Erzähler spricht von der „rührenden und geisterhaften Komik" (84) der zweiten Szene mit Cipolla und Signora Angiolieri. Detailliert und emotional-überhöhend schildert er, wie die hypnotisierte Signora völlig willenlos und verhext den Platz an der Seite ihres machtlosen Ehemannes verlässt und dem «verfluchten Cavaliere» (85) folgt. Es scheint, als habe sich Cipolla hier an die Stelle der Duse gesetzt und die ganze Liebe und Verehrung der Signora auf sich gelenkt – eine Handlung, die Cipolla später in noch viel stärkerem Maße in der Episode mit Mario als dessen heimliche Liebe Silvestra zeigen wird.

Die Signora als Sinnbild der Aufgabe des eigenen Willens gegenüber einem charismatischen Führer

In diesem Augenblick schildert der Erzähler die Signora über ihre Person hinaus als ein Sinnbild für bedingungslosen, jeglichen eigenen Willen und eine persönliche Bindung aufkündigenden Gehorsam gegenüber einem charismatischen Führer: „Der Eindruck war zwingend und vollkommen, daß sie ihrem Meister, wenn dieser gewollt hätte, so bis ans Ende der Welt gefolgt wäre." (86)

Darstellung

Aufbau und Struktur: Merkmale der Novellenform

KURZINFO

Typische Gattungsmerkmale

- Eine Novelle ist gekennzeichnet durch die unerhörte Begebenheit, Allgemeingültigkeit der Ereignisse und die Einsträngigkeit der auf einen Höhepunkt hin konzipierten Handlung.
- Sie weist eine Nähe zum Drama auf und verfügt über Leitmotive und Dingsymbole.
- Das Verhältnis Erzählzeit zu erzählter Zeit kehrt sich im zweiten Teil der *Mario*-Novelle um.
- Es gibt zahlreiche leitmotivische Verknüpfungen, z. B. Personen, Reflexionen des Erzählers, Atmosphäre.

Kriterien für Novelle erfüllt

Die Erzählung *Mario und der Zauberer* erfüllt eine Reihe von Kriterien der Novellenform. Die Definition Goethes, eine Novelle sei die Darstellung einer „sich ereigneten unerhörten Begebenheit", kann ohne Weiteres auf die *Mario*-Erzählung übertragen und auf Cipollas gesamten Auftritt bzw. den dramatischen Schluss, Marios Verführung und Tat, angewendet werden.

Symbolcharakter

Es wird ein real vorstellbares Ereignis oder besser, eine Folge von aufeinander bezogenen Ereignissen dargestellt, die über den individuellen Charakter hinaus Allgemeingültigkeit und Symbolcharakter beanspruchen: Cipollas Auftritt ist nicht nur die Verführung der Zuschauer im Saalbau in Torre di Venere, sondern auch ein Bild für die Vereinheitlichung einer Menge, eine Massenbildung unter der Anleitung eines willensstarken Führers.

Einsträngige Handlung

Die Handlung ist einsträngig und wird im Großen und Ganzen chronologisch auf den Höhe- und Wendepunkt hin erzählt. Der Einleitung und dem Bericht über den ersten Teil des Ferienaufenthaltes folgt der zweite Teil mit der Beschreibung der Abendvorstellung, die in dem tragischen Ereignis mündet.

Nähe zum Drama

Damit weist diese Erzählung – gemäß eines weiteren Novellenkriteriums – eine geschlossene Form und eine

Nähe zum Drama auf. Auf eine Exposition, in der bereits wichtige Figuren und Themen angesprochen werden, folgen eine kontinuierliche, ab und zu durch retardierende Momente (zum Beispiel die Reflexionen des Erzählers) unterbrochene Steigerung von Spannung, der Aufbau eines Konfliktes, der Umschlag in die Katastrophe, der Untergang.

Cipollas Reitpeitsche als Dingsymbol

Bestimmte Vorausdeutungstechniken wie Leitmotive oder Dingsymbole kennzeichnen die Struktur der Novelle. Hier können u. a. die Beschreibung des Wetters und der Atmosphäre erwähnt werden. Ein Dingsymbol ist Cipollas Reitpeitsche mit dem Klauengriff. Als Zeichen von Cipollas gewaltsamer Machtausübung auf der einen und der Willensaufgabe und Unterwerfung der Menge auf der anderen Seite bildet sie ein häufig an entscheidenden Stellen wiederkehrendes Sinnbild von besonderer Eindringlichkeit.

Text besteht aus zwei Handlungsteilen

Der Aufbau der Erzählung wird durch eine kunstvolle Mischung von Doppelung und Steigerung bestimmt. Der Text besteht aus zwei Teilen, von denen der erste, die Beschreibung des größten Teils des Urlaubs mit den Hotel- und Strandepisoden, weniger als ein Drittel und der zweite Teil, die Ankündigung Cipollas und die Schilderung der mehrstündigen Abendvorstellung, etwas mehr als zwei Drittel umfasst. Schon dies ist ein deutliches Zeichen für das ‚Schwergewicht' des Zauberer-Ereignisses.

Verhältnis Erzählzeit – erzählte Zeit verändert sich

Entsprechend verändert sich natürlich auch das Verhältnis von Erzählzeit zu erzählter Zeit. Während im ersten Teil der Erzählerbericht in Zeitraffung dominiert, kehrt sich die Relation im zweiten Teil um. Hier dominiert die szenische Darstellung, die genaue, zeitdeckende Wiedergabe der einzelnen Ereignisse des Abends, nur ab und zu unterbrechen kommentierende Passagen des Erzählers die Schilderung. Gegen Ende, in der Mario-Episode, wirkt die Zeit auf dem Höhepunkt der Handlung – entsprechend der atemlosen Spannung im Saal – wie angehalten. Zeitdeckung geht in Zeitdehnung über. Zum Ende des zweiten Teils verlässt der Erzähler auch die vorher streng eingehaltene Chronologie, indem er bewusst Ereignisse herausgreift, die ihm besonders repräsentativ erscheinen, und diese dann minutiös schildert.

Exposition

Beide Textteile für sich gesehen sind von ähnlichen Kompositionsprinzipien gekennzeichnet. Der erste Teil beginnt mit einer kurzen Exposition, die bereits alle wichtigen Aspekte anspricht: den Ort, die Erzählsituation, die Atmosphäre, die Personen, selbst den tragischen Ausgang der Handlung (darauf wird sogar dreimal hingewiesen: „Choc", „Ende mit Schrecken", „Katastrophe", 9). Die Handlung schreitet in Zweierschritten fort, unterbrochen von Reflexionen des Erzählers, wobei innerhalb dieser Schritte eine Steigerung der Schwere der Ereignisse festzustellen ist. Im Hotel wird der Erzählerfamilie zunächst ihr Wunschtisch verweigert, anschließend führt der Zusammenstoß mit dem Manager anlässlich der Husten-Affäre zum endgültigen Auszug. Es folgt eine längere Einlassung des Erzählers über die Hitze, die unangenehme Atmosphäre – ein Bindeglied zum nächsten Schritt, den Strandepisoden. Hier wird der Erzähler zunächst Zeuge des Vorfalls mit dem abscheulichen ‚Stimmungsmacher' Fuggièro, um dann in der Episode um die Nacktheit seiner kleinen Tochter und den moralischen Aufstand am Strand selbst in die unangenehmen Ereignisse einbezogen zu werden.

Handlung in Zweierschritten

Übergang zum zweiten Teil: Veränderung der Atmosphäre

Den Übergang zum zweiten Teil und auch schon die Exposition desselben bildet die Schilderung der Veränderungen der Atmosphäre im Zuge der einsetzenden Nachsaison. Zwar tritt jetzt mehr Ruhe ein, der Strand „entnationalisierte sich" (31), jedoch schlägt auch das Wetter um, es wird stickig, schwül, feucht (vgl. 31 f.). Wie schon zu Beginn der Erzählung prägt auch diese detaillierte Schilderung der Atmosphäre (womit nicht nur das Wetter gemeint ist) die folgenden noch zu erzählenden Ereignisse. Die Vorstellung selbst kann wiederum in zwei Abschnitte unterteilt werden (Ereignisse vor und nach der Pause), wobei die Schilderung der Pause ebenfalls wieder eine Reflexion des Erzählers ist. Innerhalb der beiden Teile kann man auch erneut Doppelungen von Ereignissen und Steigerungen der Intensität feststellen. Im ersten Teil wird zunächst Giovanotto kurz lächerlich gemacht, indem er dem Publikum die Zunge herausstrecken muss. Schwerwiegender ist schon seine zweite Lektion: Cipolla lässt ihn sich vor Schmerzen krümmen. Im Zuge seiner Kartentricks und anderer

Aufsteigende Handlung

Wahrsagungen setzt der Zauberer die Willenskraft des jungen Römers außer Kraft, um dann der sensiblen Signora Angiolieri gegenüber noch viel tiefer in den persönlichen Bereich (in diesem Fall ihre Vergangenheit) einzudringen.

Reflexionen des Erzählers als Klammer

Die Reflexionen des Erzählers in der Pause – inhaltlich eine Rechtfertigung des Verbleibens in der Vorstellung – bilden strukturell gesehen eine Klammer zum ersten Teil des Gesamttextes und auch eine Vorbereitung auf das Finale, eine weitere Aufladung mit Spannung. Auch die Schilderung der Ereignisse nach der Pause ist durch das Herausstellen von jeweils zwei Episoden markiert. Spiegelverkehrt zu den Szenen vor der Pause wird von der äußerst beeindruckenden Hypnose und Beinahe-Entführung der Signora Angiolieri berichtet, später dann von der zweiten, sehr viel dramatischeren Willensäußerung des jungen Herrn aus Rom, der sich am Ende unter den tanzenden Hampelmännern auf der Bühne wiederfindet. Beim absoluten Höhepunkt, der gleichzeitig Wende- und sogar Schlusspunkt der Handlung ist, kann auch das Prinzip der Doppelung und Steigerung beobachtet werden. Marios Verführung, die in seinem Kuss Cipollas mündet, ist eigentlich zum Höhepunkt prädestiniert, was auch in der zeitdehnenden Erzählweise deutlich wird. Der scheinbaren Entspannung (Lachen Giovanottos, Aufwecken Marios) folgt aber ebenso rasch wie unerwartet ein zweiter Höhepunkt: die Schüsse, die Mario abfeuert, und Cipollas Tod. Es gibt nur einen ganz kurzen Schlussabschnitt, keinen sanften Ausklang, so dass die Dramatik der letzten Aktionen bestehen bleibt.

Doppelter Höhepunkt der Handlung

Die beiden Hauptteile der Erzählung sind nicht nur für sich, sondern auch untereinander deutlich verbunden. Da ist zunächst der schon erwähnte Einleitungsabschnitt, die Vorausdeutung auf das Ende, der mit den letzten beiden Sätzen der Erzählung einen Rahmen bildet: Der Begriff vom „Ende mit Schrecken“ (9, 107) wird sogar wörtlich wieder aufgenommen. Des Weiteren gibt es verschiedenartige leitmotivische Verknüpfungen. Hier sind zunächst Personen zu nennen: die Erzählerfamilie natürlich, der Kellner Mario, auch wenn dieser im ersten Teil nur ganz kurz in Erscheinung tritt. Allerdings

Leitmotivische Verknüpfungen: Mario, Signora Angiolieri

verspricht die Bemerkung des Erzählers, „derselbe Mario, von dem ich dann gleich erzählen werde“ (12), eine Zunahme von Bedeutung. Eine verbindende Funktion hat auch die Signora Angiolieri, die mehrfach im ersten wie im zweiten Teil der Handlung in Erscheinung tritt – im ersten Teil durchaus aktiv (sie führt die Pension, organisiert die Karten), im zweiten Teil als Musterbeispiel für ein dankbares Opfer des Hypnotiseurs und den Verlust der zuvor betonten Eigenständigkeit.

Kommentare des Erzählers als Verknüpfung

Eine weitere Ebene der Verknüpfung ist in den Reflexionen und Kommentaren des Erzählers zu sehen, der sich sowohl im ersten wie im zweiten Teil die Frage stellt, warum er mit seiner Familie an einem Ort verweilt, der ihm so viel Unbehagen bereitet. In beiden Fällen findet er keine befriedigende Antwort. Er betont vielmehr, dass es gar keine verschiedenen Situationen sind, und hebt selbst die Parallelität des ersten Teils des Urlaubs und der Abendvorstellung des Zauberers hervor. Der Abend wird sozusagen zum Brennglas für alle Widerwärtigkeiten vorher, der Saal ist der „Sammelpunkt aller Merkwürdigkeit, Nichtgeheuerlichkeit und Gespanntheit“, Cipolla die „Personifikation von alldem“ (78).

Atmosphäre als Klammer der beiden Handlungsteile

Und damit ist schon ein weiterer, sehr wichtiger Motivbereich angesprochen, der die beiden Teile der Erzählung verklammert. Es geht im weitesten Sinn um die geschilderte Atmosphäre. Wie schon gesagt, geht der Begriff weit über das Wetter und Klima hinaus; diese sind nur Spiegel für das Bedrückende, Unerträgliche der Situation, die durch den übertriebenen Nationalstolz, die aufgeheizte politische Stimmung gekennzeichnet ist. Beispiele dafür gibt es sowohl im ersten Teil durch die Episoden am Strand als auch im zweiten in Cipollas chauvinistischen Reden und Anspielungen, zum Beispiel auf den Duce oder den römischen Gruß.

Erzählweise und Perspektive

KURZINFO

Spannungsvoller Wechsel zwischen erzählendem und erlebendem Ich

- „Wir" statt „Ich" schließt die Frau des Erzählers ein (weitere Zeugin).
- Ich-Erzähler ist zugleich erzählendes und erlebendes Ich.
- Der Erzählvorgang ist von Subjektivität gekennzeichnet: Es geht um die Schilderung und Deutung persönlichen Erlebens.
- Im ersten Teil der Handlung überwiegt der Erzählerbericht, im zweiten Teil nimmt die szenische Darstellung zu.
- Folgen der häufigen Leseranreden sind: Lebendigkeit, Aufhebung von Distanz, Identifikationsangebot.

„Wir" statt „Ich"

Die Geschichte wird von einem Ich-Erzähler berichtet, wobei das „Ich" häufig durch ein „Wir" ersetzt wird. Der Erzähler schließt damit automatisch zumindest seine Ehefrau, manchmal auch noch die Kinder mit ein. Das bewirkt zweierlei: Zum einen wird die Authentizität, der vorgegebene Wahrheitsgehalt des Erzählten, durch die Hinzunahme weiterer Zeugen verbürgt. Zum anderen wird die Erzählerposition durch den Rückzug in die Geschlossenheit der Kleinfamilie gestärkt – dies vor allem, wo kritische Nachfragen des Lesers zu erwarten sind. Das „Wir" impliziert: Es ging nicht nur mir, dem Erzähler, so, sondern auch den anderen Familienmitgliedern, zumindest der Ehefrau. Im Gegensatz zu den Kindern tritt allerdings die Ehefrau nie als individuell Handelnde in Erscheinung, wird überhaupt nur einmal erwähnt.

Erzählendes und erlebendes Ich

Der Erzähler ist zugleich erzählendes und erlebendes Ich. Er berichtet aus zeitlicher und örtlicher Distanz, ist aber gleichzeitig in die berichtete Handlung involviert. Im Laufe der Erzählung nähern sich die beiden Positionen immer mehr an. Der Erzähler verliert schnell und erkennbar die innere Distanz, die zunächst durch die Position des Rückblickens gegeben ist, und wird immer mehr in seine Erzählung hineingezogen. Vor allem im zweiten Teil, der Schilderung von Cipollas Auftritt, scheint das eigentlich Vergangene am Ende ganz gegenwärtig, der Erzähler erlebt die beklemmende Situation noch einmal neu, die Erzählweise wirkt plakativ, fast atemlos:

Vergegenwärtigung des Vergangenen

> „Unten, in voller Fahrt, warf er sich mit auseinandergerissenen Beinen herum, schleuderte den Arm empor, und zwei flach schmetternde Detonationen durchschlugen Beifall und Gelächter." (106)

Erst im letzten Abschnitt, genauer: im letzten Satz, gewinnt der Erzähler so etwas wie eine erzählerische Souveränität zurück und rückt die Zeitverhältnisse wieder zurecht:

> „Und ein befreiendes Ende dennoch, – ich konnte und kann nicht umhin, es so zu empfinden!" (107).

Auch die Häufigkeit der in den Erzählverlauf eingestreuten Reflexionen deutet darauf hin, dass das zu Erzählende (noch) nicht verarbeitet ist.

Subjektivität der Schilderung

Die Wahl der Ich-Perspektive bewirkt immer eine selektive, interessegeleitete Wahrnehmung und Wiedergabe des Erzählgegenstandes und damit eine Subjektivität der Vermittlung zwischen Erzähler und Leser. So ist auch in dieser Erzählung erkennbar, dass es dem Erzähler nicht um eine rein objektive Wiedergabe des Faktischen, sondern um eine Schilderung seines persönlichen Erlebens und eine subjektive Deutung der Ereignisse geht. Er versucht zwar auch eine Art Rationalisierung des Erlebten (wozu ihm ja die Position des Rückblicks helfen könnte).

Emotionalität der Erlebnisperspektive

Dies gelingt aber nicht vollständig, da die Emotionalität der eigenen Erlebnisperspektive immer wieder die Oberhand gewinnt. So analysiert der Erzähler den politischen Gehalt der damaligen Situation („Man verstand bald, daß Politisches umging, die Idee der Nation im Spiele war", 24), erhellt diese Analyse aber immer wieder mit den emotional aufgeladenen Erfahrungen seiner eigenen Familie („wir sahen unsere beiden betroffen und ratlos sich zurückziehen und hatten Mühe, ihnen die Sachlage einigermaßen verständlich zu machen", 25). In der folgenden detaillierteren Deutung vermischen sich dann die Ebenen der nüchternen Analyse und persönlichen Bewertung endgültig:

Vermischung von nüchterner Analyse und persönlicher Bewertung

> „Diese Leute, erklärten wir ihnen, machten soeben etwas durch, so einen Zustand, etwas wie eine Krankheit, wenn sie wollten, nicht sehr angenehm, aber wohl notwendig." (Ebd.)

Auch wenn die Äußerung vordergründig kindgerecht erscheinen soll (als Erklärung für die zurückgewiesenen Kinder des Erzählers), so spiegelt sie doch auch eine Sichtweise des erwachsenen Erzählers wider, dessen – vielleicht in der Zwischenzeit schon weiter reichenden – Erfahrungen ihn von den politischen Entwicklungen als einer Krankheit sprechen lassen.

Im ersten Teil überwiegt der Erzählerbericht

Was die Erzähler- und Figurenrede angeht, so nutzt der Ich-Erzähler alle Möglichkeiten zur Darstellung, Gewichtung und Überhöhung der Ereignisse sowie zur eindringlichen Mitteilung seiner Gedanken und Gefühle. Im ersten Teil dominiert in Bezug auf die Handlung der Erzählerbericht in zumeist zeitlicher Raffung. Allerdings werden auch nur einzelne Handlungshöhepunkte herausgegriffen (Episoden im Hotel, am Strand) und teilweise durch den Wechsel ins historische Präsens akzentuiert. Äußerungen der Figuren, einschließlich des Ich-Erzählers, werden dabei nur in indirekter Rede wiedergegeben:

> „Wir hatten gut beteuern, die Kinderkrankheit befinde sich im Stadium letzten Abklingens, sie habe als überwunden zu gelten und stelle keinerlei Gefahr für die Umgebung mehr dar." (16)

> „Ein Herr in städtischem Schniepel […] versichert seinen entrüsteten Damen, er sei zu korrigierenden Schritten entschlossen" (27).

Schaffung einer einheitlichen Atmosphäre

Es kommt dem Erzähler in diesem Teil nicht auf die lebhafte, szenische Darstellung an, sondern eher auf die Schaffung einer einheitlichen Atmosphäre, eines Gesamtbildes des Unbehagens, zu dem die einzelnen Episoden wie die Äußerungen der Figuren beitragen. Dieser Eindruck wird durch die ausführlichen Orts-, Zeit- und Wetterbeschreibungen sowie die Erzählerkommentare, die die Handlung einrahmen bzw. unterbrechen, noch verstärkt. In diesem ersten Teil überwiegt also die Über-Sicht des Erzählers, der Leser erhält einen Über-Blick.

Im zweiten Teil Zunahme szenischer Darstellung

Im zweiten, längeren Teil kommen (neben dem veränderten Verhältnis von erzählter Zeit zur Erzählzeit) auch weitere Redeformen hinzu, die Erzählweise wird insgesamt abwechslungsreicher, uneinheitlicher und spiegelt damit auch die wachsende innere Beteiligung des Erzählers. Zwar gibt es auch hier wieder ausführliche Beschreibungen (man beachte nur die Einführung Cipollas) und Erzählerberichte (zum Beispiel die Zusammenfassungen einzelner Vorstellungsphasen). Ebenfalls vorhanden sind die gedanklichen Kommentare des Erzählers, die mal als erlebte Rede, dann wieder direkter als innerer Monolog präsentiert werden:

„Arithmetik? Das sah nicht nach Zauberkunststücken aus." (51)
„Etwas Besseres weiß ich einfach nicht vorzubringen. –" (79)

Einsatz des Dialogs

Auffällig ist aber, dass der Erzähler nun häufiger in die szenische Darstellung wechselt und den Dialog, also die direkte Rede, einsetzt. Hier bietet er vor allem Cipolla ein Forum der Selbstdarstellung. So erhält der Leser einen noch viel nachdrücklicheren Einblick in den Charakter des Zauberers, der sich ja nicht nur durch seine Handlungen, sondern vor allem auch durch seine Reden selbst porträtiert:

„‚Ich bin ein Mann von einiger Eigenliebe, nehmen Sie das in Kauf!'" (46)

Auch die Auseinandersetzungen zwischen Cipolla und den wenigen ‚Widerständlern' erhalten durch die Dialogisierungen eine größere Spannung und Wirksamkeit. Namentlich der Höhepunkt der Handlung, die Mario-Episode, wird überwiegend in szenischer Darstellung, im Dialog präsentiert. Hier könnte fast der Eindruck entstehen, als werde auch der Leser hypnotisiert.

Leseranrede

Ein weiteres Kennzeichen der Erzählweise ist die häufige Leseranrede, vor allem in den kommentierenden und reflektierenden Teilen. Immer wieder bezieht der Erzähler den Leser ein. Er spricht ihn direkt an: „Mögen Sie das? Mögen Sie es wochenlang?" (20), „Sie haben recht" (21), „geben Sie es zu" (22). Er unterstellt ihm bestimmte Reaktionen oder nimmt Fragen vorweg: „Unfehlbar werden Sie mich fragen, warum wir nicht endlich weggegangen seien" (76). Er formuliert so, dass seine Meinung zu einer auch vom Leser zu vertretenden Allgemeingültigkeit wird: „man kennt das" (10), „Jeder hat auch dabei seine kleinen, neugierig-verächtlichen und kopfschüttelnden Einblicke in den […] unentwirrbaren Charakter des Okkulten getan" (69).

Lebendigkeit, Erhöhung von Spannung

Diese Leseranreden erfüllen mehrere Funktionen. Zunächst tragen sie zur Lebendigkeit der Erzählung bei. Der Leser wird selbst zum Teil der Geschichte, zum Ansprechpartner und Bezugspunkt des Erzählers. Dadurch erhöht sich auch die Spannung. Die Distanz des Lesers wird immer wieder aufgehoben, und er wird näher zum Geschehen hin gezogen. Schließlich bemüht sich der Erzähler mit den Anreden auch um eine Solidarität des Lesers. Er möchte diesem klarmachen, dass er vielleicht auch in eine solche Situation kommen könnte. Der Erzähler weiß offensichtlich um sein eigenes kritikwürdiges Verhalten und hofft auf das Verständnis des Lesers, wenn er diesen immer wieder in seine gedankliche Auseinandersetzung mit den Geschehnissen und seiner Rolle darin mit einbezieht. Er macht dem Leser somit ein Identifikationsangebot.

Bemühen um Solidarität des Lesers

Sprache und Stil

KURZINFO

Spiegel der Doppelbödigkeit des Erlebten

- Die Erzählung liest sich zunächst wie ein Reisebericht: feuilletonistischer, unterhaltsamer Stil.
- Italienische Redewendungen sorgen für Lokalkolorit.
- Zunehmend dominieren groteske Elemente: Aussehen und Auftreten Cipollas, überzogene Reaktionen des Hotelmanagers und des Mannes am Strand.
- Auffallend ist der leitmotivische Einsatz von Wortmaterial aus den Bereichen Nation/Patriotismus und Atmosphäre/Wetter/Klima.

Stil eines Reiseberichts

Auf den ersten Blick wirkt die Erzählung wie ein Reisebericht. Das liegt vor allem an den ausführlichen Beschreibungen des Ortes und der touristischen Attraktionen zu Beginn, die einem (kritischen) Reiseführer entnommen sein könnten, der potenziellen Reisenden Hinweise gibt. Nur eins von zahlreichen Beispielen:

> „Torre di Venere, wo man sich übrigens nach dem Turm, dem es seinen Namen verdankt, längst vergebens umsieht, ist als Fremdenort ein Ableger des benachbarten Großbades und war während einiger Jahre ein Idyll für wenige, Zuflucht für Freunde des unverweltlichten Elementes." (10)

Feuilletonistischer Stil

Der feuilletonistische Stil, die teils umgangssprachlichen Formulierungen („Ernstlich, man soll im September nach Torre di Venere gehen", 13; „Der junge Mensch hatte wahrhaftig Haare auf den Zähnen", 56) und immer wieder die oft vertraulich wirkenden Anreden an den Leser („Ich halte Ihnen keinen Vortrag", 26; „Auch langweile ich Sie nicht mit der Schilderung dieser Versuche", 69) tragen zu dem oberflächlich unterhaltsamen Stil bei, auch wenn unter dieser Oberfläche immer wieder die tiefgründigere Problematik, das Gefühl des Unbehagens, von dem im ersten Satz schon die Rede ist, durchscheint. Der Untertitel, *Ein tragisches Reiseerlebnis*, konterkariert ja ebenfalls schon die Tendenz zum rein Unterhaltsamen. So ist festzustellen, dass diese vorgetäuschte Glätte und Flüssigkeit in der Mitteilung an den Leser nur eine Folie ist, auf der sich die Dramatik der späteren Ereignisse umso deutlicher abzeichnet.

Unbehagen unter der Oberfläche

Um die Authentizität seiner Darstellung zu verstärken und sie mit Lokalkolorit anzureichern, lässt der Erzähler häufig italienische Wörter und Redewendungen in seine Erzählung einfließen und beschreibt auch, wie seine Kinder mit großem Spaß ihre rudimentären Italienischkenntnisse ausprobieren: „‚Mario, una cioccolata e biscotti!'" (dt. „Mario, eine [heiße] Schokolade und Kekse"!, 79) Vor allem in den Reden Cipollas und den Dialogen mit den Vertretern aus dem Publikum finden sich immer wieder italienische Wendungen. Durch seine eigene fremdsprachliche Versiertheit unterstreicht der Erzähler so auf seine Art seine Aussage, wie sehr die Südländer gutes Sprechen, die Redekunst zu schätzen wüssten: „Denn es gilt als Maßstab für den persönlichen Rang, wie einer spricht" (49).

Häufigkeit italienischer Redewendungen

Im Falle des Zauberers kommt aber noch etwas hinzu. In seinen Formulierungen finden sich immer wieder Zweideutigkeiten, vor allem sexueller Art. Giovanotto bezeichnet er zum Beispiel als „donnaiuolo" („Frauenheld, Schürzenjäger", 48) oder „questo torregiano di Venere" (57), was sowohl Einwohner von Torre di Venere als auch Türmer der Venus heißen kann. Auf diese Weise wird Cipollas aggressive Eifersucht, sein Neid auf die jungen, gut aussehenden Männer wie Giovanotto besonders deutlich.

Cipollas sexuelle Zweideutigkeiten

Ausdruck von Cipollas Sexualneid

Elemente der Groteske

Die Mischung aus Komik und Ernsthaftigkeit, aus Lächerlichem und Schrecklichem, die die gesamte Erzählung zunehmend prägt, drückt der Erzähler öfter mit dem Mittel der Groteske aus. Grotesk wirken in der Geschichte sowohl Handlungen als auch Personen. Zu Letzteren ist natürlich Cipolla zu zählen. Sein hässliches Äußeres und seine in jeglicher Hinsicht unpassende Kleidung stehen in einem eklatanten Gegensatz zu seinen hehren Ausführungen zur Nation und zur Moral. Diese sind wiederum in keiner Weise vereinbar mit seinen inhumanen, entwürdigenden Handlungen. Das Bild des jungen, starken Giovanotto, der sich in Koliken krümmt, der ätherischen Signora Angiolieri, die einem hässlichen Krüppel folgt, anstatt bei ihrem sanften, stillen Mann zu bleiben, des jungen Römers, der nur zu einem weiteren Hampelmann wird – in das Lachen mischt sich Entsetzen über die Entmenschlichung dieser Figuren.

Widersprüche zwischen Cipollas Aussehen, Äußerungen und Handlungen

Übertriebene Verhaltensweisen des Hotelmanagers und Herrn am Strand

Diese Art der übertriebenen Lächerlichkeit, die ins Verurteilungswürdige kippt, hatte sich schon im ersten Teil der Erzählung angedeutet – in den überzogenen Reaktionen des Hotelmanagers auf den längst abgeklungenen Keuchhusten der Kinder oder des Herrn am Strand und der Behörden auf die unschuldige Nacktheit der kleinen Tochter des Erzählers.

Der Gipfel der grotesken Darstellung ist aber wohl in dem Bild Marios erreicht, der Cipolla küsst. Der Erzähler charakterisiert diesen Augenblick entsprechend als Moment nach der „traurigen und skurrilen Vereinigung von Marios Lippen mit dem abscheulichen Fleisch" (105) – und selbst das befreiende Lachen Giovanottos hat einen „Unterton und Einschlag von Erbarmen" (ebd.).

Wortwahl: Bereich des Politischen

Entsprechend den leitmotivischen Verknüpfungen ist die Wortwahl des Erzählers durch die Wiederholung bestimmter Begriffe und Wiederaufnahme von Wortfeldern in den beiden Teilen gekennzeichnet. Zum einen ist das Wortmaterial zu nennen, das im Zusammenhang mit dem politischen Hintergrund der Geschichte, der Atmosphäre des Chauvinismus, Patriotismus, zu sehen ist. Da ist von der „Idee der Nation" (24) die Rede, von „patriotischen Kindern" (ebd.) am Strand, es fallen dort Redensarten „von der Größe und Würde Italiens“ (25). Cipolla spricht von der „Größe des Vaterlandes“ (47), erwähnt den „Bruder des Duce“ (ebd.), stellt „patriotische Betrachtungen“ (62) an, zeigt „Patriotismus und reizbare Würde“ (64). Am Ende sagt er von Marios Namen: „‚Ein antiker Name, einer von denen, die die heroischen Überlieferungen des Vaterlandes wach erhalten.‘“ (98)

Wortwahl: Bereich der Atmosphäre

Das zweite wichtige Wortmaterial umfasst Begriffe und Beschreibungen, die – im konkreten wie übertragenen Sinn – mit dem Bereich der Atmosphäre, des Klimas, des Wetters zu tun haben. Bestimmte Gefühle „lagen […] in der Luft“ (9), die „Hitze war unmäßig“, „afrikanisch“ (20), die Sonne wird sogar personifiziert, es ist von ihrer „Schreckensherrschaft“ (ebd.) die Rede. Die „glühende Leere des Himmels“ ist ebensowenig zu ertragen wie die „ungeheure Naivität und Ungebrochenheit des Lichts“ (21). Kurz vor dem Auftritt Cipollas „schlug auch das Wetter um“, es kommen „stickige […] Sciroccoschwüle“ und ein „schwächlicher Regen“ (31). Auf dem Weg zur Vorführung ist es „schwül“, „es wetterleuchtete manchmal und regnete etwas“ (34). Die Natur wirkt wie ein Spiegel der äußeren und inneren Zustände der Gesellschaft bzw. der Erzählers. Parallel zu den Wetterveränderungen lädt sich auch die Atmosphäre auf. In seinen Betrachtungen über Cipolla stellt der Erzähler explizit die Verbindung zwischen dem Zauberer und der Atmosphäre des gesamten Aufenthaltes her: Cipolla ist der „Sammelpunkt“, die „Personifikation“ all dessen, „womit uns die Atmosphäre des Aufenthaltes geladen schien“ (78). Damit greift der Erzähler auf den Anfang seines Berichtes zurück, wo er ebenfalls die enge Beziehung zwischen dem Zauberer und der Situation verdeutlicht. Er spricht von Cipolla, „in dessen Person sich das eigentümlich Bösartige der Stimmung auf verhängnishafte und übrigens menschlich sehr eindrucksvolle Weise zu verkörpern und bedrohlich zusammenzudrängen schien“ (74). Der Zauberer wirkt hier, bildlich gesprochen, wie ein drohendes Gewitter. Die wiederholte Verwendung bestimmter Wortfelder und Bildbereiche hat die Funktion, eine Art Netz über die gesamte Geschichte zu legen und die beiden Teile eng miteinander zu verknüpfen. Diese Verbindung wird also auch sprachlich gespiegelt.

Wortfelder als Verknüpfung der beiden Teile

Rezeptionsgeschichte

Selbstdeutungen

Uneinheitliche Äußerungen Thomas Manns

Über *Mario und der Zauberer* hat sich Thomas Mann mehrfach deutend geäußert; seine Aussagen über die Erzählung sind allerdings nicht einhellig, was wohl mit dem sich verändernden biografischen wie politischen Kontext zusammenhängt.

Zunächst Ablehnung politischer Intentionen

So wurde der politische Gehalt der Novelle unmittelbar nach deren Erscheinen von Thomas Mann verschwiegen bzw. explizit negiert. In „Lebensabriß" aus dem Jahre 1930 schrieb er, er habe es „geschehen" lassen (fast so, als habe er es gar nicht beabsichtigt), „daß mir aus der Anekdote die Fabel, aus lockerer Mitteilsamkeit die geistige Erzählung, aus dem Privaten das Ethisch-Symbolische unversehens erwuchs" (Thomas Mann, *Über mich selbst. Autobiographische Schriften*, S. 141). In Briefen an Schriftstellerkollegen betonte er ebenfalls häufig das Symbolische und Ethische der Erzählung und in einem Brief an den tschechischen Kritiker Schreibweise so: Bedřich Fučik aus dem Jahre 1932 erläuterte er noch einmal, dass er es gar nicht gerne sehe, „wenn man die Erzählung als eine politische Satire betrachtet". In diese Sphäre gehöre die Erzählung nicht, auch wenn sie „kleine politische Glanzlichter und Anspielungen aktueller Art" enthalte. Aber insgesamt wolle er „die Bedeutung der kleinen Geschichte, vom Künstlerischen abgesehen, doch lieber im Ethischen als im Politischen sehen" (zit. nach: B. Hamacher, 2006, S. 85).

Unter politischem Druck

Diese Haltung Thomas Manns mag zunächst verwirren, zumal aus anderen Dokumenten deutlich hervorgeht, welche politischen Sorgen in Bezug auf die Entwicklung Deutschlands ihn zur damaligen Zeit umtrieben und dass an seiner antifaschistischen Grundhaltung keinerlei Zweifel bestand. Aber seit seinem Bekenntnis zur Demokratie der Weimarer Republik sah er sich in der Heimat wachsendem politischen Druck ausgesetzt. Er musste nicht nur an seine Stellung in der Öffentlichkeit denken, sondern auch Rücksicht auf seine Familie und seinen Verlag nehmen und sich vor allem die Möglichkeit für weitere Publikationen erhalten. Daher spielte er die politische Wirkungsabsicht der Novelle herunter und entschied sich im Folgenden (auch in den ersten Jahren des Exils, in das er sich 1933 begab) für eine Art taktisches Schweigen gegenüber dem Nationalsozialismus, bevor er dann 1939/40 in den USA begann, sich in Aufsätzen und Radiosendungen immer wieder offen gegen das Hitler-Regime zu stellen.

Im Exil: Hinweis auf politischen Gehalt

In der Vorlesung „On Myself" während seiner Gastprofessur an der Princeton University 1940 bekannte sich Thomas Mann dann auch zur politischen Wirkungsabsicht von *Mario und der Zauberer*:

> „Die politisch-moralische Anspielung, in Worten nirgends ausgesprochen, wurde damals in Deutschland, lange vor 1933, recht wohl verstanden: mit Sympathie oder Ärger verstanden, die Warnung vor der Vergewaltigung durch das diktatorische Wesen, die in der menschlichen Befreiungskatastrophe des Schlusses überwunden und zunichte wird." (Thomas Mann, *Über mich selbst. Autobiographische Schriften*, S. 89).

Dem Kritiker Henry C. Hatfield, der die Novelle konsequent politisch interpretiert hatte, bekannte er 1947 in einem Brief, dass er [Thomas Mann] die Novelle damals in „patriotischer Überschätzung meiner Nation", also Deutschlands, geschrieben habe: „Als ich sie schrieb, glaubte ich nicht, daß Cipolla in Deutschland möglich sei." Und weiter: „Uebrigens zweifle ich heute an meinem guten Glauben. Im Grunde war die Novelle wohl eine erste Kampfhandlung gegen das, was damals schon die europäische Gesamtatmosphäre erfüllte und durch den Krieg nicht restlos aus ihr vertrieben worden ist." (Zit. nach: Hamacher, 2006, S. 86)

Novelle als „erste Kampfhandlung"

Rezeption

Mario und der Zauberer war der erste Text, den Thomas Mann nach dem Erhalt des Nobelpreises für Literatur im Jahr 1929 veröffentlichte – dementsprechend wurde der Erzählung, auch international, eine große Aufmerksamkeit zuteil. Die zeitgenössische Kritik äußerte sich, mit ganz wenigen Ausnahmen, sehr positiv bis begeistert über die Erzählung, was hauptsächlich (in einigen Fäl-

Erste Veröffentlichung nach der Verleihung des Nobelpreises

Anerkennung formaler Meisterschaft

len ausschließlich) mit der formal-ästhetischen Meisterschaft begründet wurde.

Mehrzahl der Rezensionen: zeitpolitische Aktualität

Interessanter, weil umstrittener, ist die Frage, inwieweit der politische Gehalt erkannt bzw. in den Fokus der Kritik gerückt wurde. Hans Rudolf Vaget (vgl. *Thomas Mann – Kommentar zu sämtlichen Erzählungen*, 1984, S. 220–249) hat nachgewiesen, dass die Behauptung, die politische Thematik sei von deutschen Zeitgenossen weitestgehend verkannt worden, so nicht haltbar ist. Vielmehr sind die Rezensionen, die sich ausschließlich auf Literarisch-Ästhetisches beziehen, in der Minderheit. Die Mehrzahl der Kritiker sah durchaus die zeitpolitische Aktualität, ging damit allerdings auf unterschiedliche Weise um. Der zahlenmäßig stärkeren Gruppe derjenigen, die die Faschismus-Kritik erkannten und auch offen aussprachen, sowie derjenigen, die die Thematik zwar erkannten, aber nicht deutlich betonten, stand eine kleinere Gruppe von Interpreten (meist national-konservativer Couleur) gegenüber, die die politischen Anspielungen sehr wohl bemerkt hatten, deren Bedeutung aber mehr oder weniger heftig in Abrede stellten. Das politische Element wurde dem privaten untergeordnet.

Internationale Rezensionen: Hinweis auf Situation in Italien

Im internationalen Vergleich war die Anzahl der politisch argumentierenden Rezensenten noch größer als in Deutschland, wobei aber nahezu ausschließlich der Bezug zur aktuellen Situation in Italien hergestellt wurde. Die Frage, inwieweit die *Mario*-Erzählung auch für die Entwicklung in Deutschland relevant sein könnte, wurde nicht gestellt. In Mussolinis Italien hatten die Zensoren übrigens die Brisanz der Novelle erkannt: *Mario und der Zauberer* durfte dort nicht erscheinen.

Nach 1945: Hinweise auf Widerspiegelung deutscher Verhältnisse

Nach dem Zweiten Weltkrieg dominierte lange Zeit die konsequent politische Interpretation der Novelle, in der nun eine Widerspiegelung nicht nur der italienischen, sondern auch der deutschen Verhältnisse zu Beginn der nationalsozialistischen Ära gesehen wurde. Hier ist beispielhaft der Literaturwissenschaftler Hans Mayer zu nennen, der in einer Neuausgabe seines Thomas-Mann-Buches aus dem Jahre 1950 konkret die politische und gesellschaftliche Rolle des damaligen Bürgertums beleuchtete, das er im jungen Herrn aus Rom abgebildet sah: „Doch es genügt nicht, daß man den fremden Willen ablehnt, solange man ihm keinen eigenen Willen entgegenzusetzen hat“ (Hans Mayer, *Thomas Mann*, S. 168). Einzig Mario, der junge Mann aus dem Volk, leiste erfolgreich Widerstand: „Die Rache des verwirrten Gefühls, der unterjochten Menschlichkeit ist gründlich und jäh. [...] Die Negativität des bloßen Nichtwollens hatte nicht genügt. Es mußte gründlicher Schluß gemacht werden“ (ebd., S. 169). Und ganz klar betonte Mayer auch Thomas Manns politische Intention: „Das italienische Beispiel wird hier den deutschen Zuhörern vorgehalten. [...] Das Ende Cipollas sollte der deutschen Jugend eine Warnung sein. Sie wurde nicht gehört“ (ebd., S. 170).

Sozialpsychologische Deutungen

Zu den politischen Deutungen kamen im Laufe der Zeit auch sozialpsychologische Ansätze (zum Beispiel zum Verhältnis Individuum – Masse – Führer). Vielfach wurden und werden auch Verbindungen hergestellt zu anderen Werken Thomas Manns und Themen, die ihn immer wieder beschäftigt haben. Hier ist natürlich die Künstlerproblematik bzw. der Gegensatz zwischen Geist und Leben zu nennen, was vor allem an der Figur Cipollas festgemacht wird. Einige Interpreten weisen darauf hin, dass auch das Motiv der Homoerotik eine bedeutsame Rolle spielt. Von hier aus (wie auch von der Künstlerproblematik) lassen sich Verbindungen ziehen zu Thomas Manns berühmter Erzählung *Der Tod in Venedig* (1912), der Geschichte des Schriftstellers Gustav von Aschenbach, seiner Liebe zu dem Knaben Tadzio und seines Todes am Lido. Hans Rudolf Vaget fasst diesen Ansatz zusammen:

Künstlerproblematik

Homoerotik

> „Während in Aschenbachs Fall das Hervortreten der homoerotischen Passion trotz aller impliziten Kritik etwas von einer beseligenden Erlösung zum Tode hat, markiert das verborgene homoerotische Begehren Cipollas gleichsam seine Achillesferse, an der seine Macht zuschanden wird.“ (Hans Rudolf Vaget, *Thomas Mann – Kommentar zu sämtlichen Erzählungen*, S. 227)

Auch kleinere Motive, wie die Unzuträglichkeit des Ortes oder das Hin und Her zwischen Bleiben und Abreisenwollen, finden sich in beiden Erzählungen.

Bezüge zu Heinrich Manns *Die kleine Stadt*

Im Hinblick auf intertextuelle Bezüge schien es den Interpreten auch immer wieder interessant, nach mehr oder weniger verdeckter Bezugnahme Thomas Manns auf das Werk seines älteren Bruders Heinrich zu suchen. Im Falle von *Mario und der Zauberer* wäre das Heinrich Manns Italien-Roman *Die kleine Stadt* aus dem Jahre 1909. Thomas Manns Erzählung ist vielfach als kritische Antwort auf den Roman seines Bruders gesehen worden, in dem dieser beschrieben hatte, wie in einer kleinen italienischen Stadt (Vorbild war wohl Palestrina bei Rom, wo die Brüder während eines gemeinsamen Italien-Aufenthaltes Ende des 19. Jahrhunderts gelebt hatten) sich die Idee der westlichen liberalen Demokratie durchzusetzen beginnt und der Herrschaft des Fürstengeschlechts Cipolla ein Ende setzt. Anhand der Vorbereitung und Aufführung einer Oper, an der die gesamte Stadt beteiligt ist, wird das Funktionieren einer solchen lebendigen Demokratie idealtypisch vorgeführt. Thomas Manns Erzählung wäre dann eine aus der Aktualität der 1920er-Jahre entstandene Korrektur der Romanaussage seines Bruders, eine „realistische Zurechtrückung dieses Bildes im Lichte jüngster Erfahrung" (Vaget, S. 229).

Verfilmung

Freie Verfilmung mit Abweichungen vom Erzähltext

Im Jahre 1994 wurde der Film *Mario und der Zauberer* uraufgeführt. Regisseur war Klaus Maria Brandauer, der auch die Rolle des Cipolla spielte, das Drehbuch stammte von Burt Weinshanker. Der Untertitel „Frei nach der Erzählung von Thomas Mann" deutet schon darauf hin, dass die Vorlage massiv verändert wurde. Beibehalten ist die Grundsituation, der Urlaub der vierköpfigen Familie eines deutschen Schriftstellers in einem kleinen italienischen Badeort. Auch kommt die chauvinistische Atmosphäre, die fremdenfeindliche Haltung vieler Einheimischer, deutlich zum Tragen; die Episoden im Hotel und am Strand werden ebenfalls gezeigt. Wesentliche Änderungen ergeben sich bezüglich einzelner Figuren: Mario wird von Anfang an ausführlich eingeführt (u. a. durch ein offensichtlich der rasanten Filmwirkung geschuldetes Kellner-Rennen), ebenso seine Angebetete Silvestra, die gleichzeitig die Nichte der Pensionswirtin Signora Angiolieri ist und allen Männern in ihrer Umge-

Mario und Silvestra spielen wichtige Rollen

bung (und ansatzweise auch dem deutschen Schriftsteller) den Kopf verdreht. Dieser Schriftsteller (also der Erzähler, der aber im Film handelnde Figur ist) ist bedeutend aktiver als in der Erzählung, so äußert er zum Beispiel in einem Vortrag vor italienischen Intellektuellen (die sich später als glühende Nationalisten erweisen) seine Kritik an den aktuellen faschistischen Tendenzen im Land, warnt vor Intoleranz und Bigotterie und betont die Verantwortung des Schriftstellers. Hier bekommt der Film eine stark politische Akzentuierung.

Politische Akzentuierung

Stark verändert ist auch die Figur des Cipolla, der nicht nur während der Zaubervorstellung, sondern auch schon lange vorher eingeführt wird. So reist er mit einem Akrobatenpaar, ist zwar erkennbar verkrüppelt, wirkt aber nicht so dämonisch wie der Cipolla der Erzählung. Allerdings soll auch vom Film-Cipolla eine gewisse Faszination ausgehen, was u. a. dadurch vermittelt wird, dass er sich der Frau des Schriftstellers nähert und diese offensichtlich tief verstört.

Cipolla taucht früh im Film auf

Die eigentliche Zaubervorstellung nimmt nur einen kürzeren Teil des Filmes ein, deutlich werden allerdings Cipollas hypnotische Fähigkeiten. Der Schluss ist komplett verändert: Cipolla bittet Mario und Silvestra auf die Bühne, scheint die beiden zunächst zusammenzuführen, bringt dann aber Silvestra dazu, ihn zu küssen. Nach ihrem Erwachen greift die entsetzte Silvestra zu einem Revolver, der vorher schon während einiger Kunststücke zum Einsatz kam, und schießt auf Cipolla, trifft aber versehentlich den in der Schussbahn stehenden Mario. Dieser stirbt.

Silvestra will Cipolla erschießen, trifft aber Mario

Die letzte Einstellung des Films zeigt die Familie im Zug auf dem Weg nach Hause; die kleine Tochter vollführt ein Zauberkunststückchen, der Einfluss des Zauberers wirkt also weiter …

Worterläuterungen

Die folgenden Erklärungen erläutern schwer verständliche Wörter und fremdsprachliche Ausdrücke in Thomas Manns *Mario und der Zauberer*, deren Bedeutung nicht aus der Interpretation hervorgeht. Sie sind alphabetisch angeordnet.

Accidente!: (ital.) Verflixt!, verdammt!
Aperçu: (frz.) geistreiche Bemerkung
autochthone: einheimische
Balla!: (ital.) Tanze!
Bè: (ital.) Schön, nun
Bravi-Rufen: „bravi" ist der Plural von (ital.) *bravo*.
Byzantinismus: Schmeichelei, Kriecherei
Cameriere: (ital.) Kellner
Capannen: (ital.) Badekabinen
Cavaliere: niedriger Adelstitel; etwa: Ritter
Colonnello: (ital.) Oberst
Cominciamo!: (ital.) Fangen wir an!
Complet: (frz.) Anzug, bei dem Jacke und Hose aus dem gleichen Material, der gleichen Farbe und Musterung eines Stoffes bestehen
Cornetti al burro: (ital., pl.) Butterhörnchen
Corriere della Sera: (ital.) führende überregionale Tageszeitung, die in Mailand erscheint (wörtl.: Abendkurier)
Crayon: (frz.) Bleistift
E servito: (ital.) Zu Diensten
Etageren: Regale
Flakon: Karaffe
Forum: Gerichtshof
Frutti di mare: (ital.) Meeresfrüchte
Fuggièro: Anklang an (ital.) *fuggire* ‚fliehen'
Giovanotto: (ital.) junger Mann
Grand Hôtel: (frz.) Luxushotel
Ha sciolto lo scilinguagnolo: (ital.) Er hat ein gutes Mundwerk.
Humor: Stimmung
Il boît beaucoup: (frz.) Er trinkt viel.
Ingenium: Talent
Karabinierepaar: Polizistenpaar (von ital. *carabiniere* ‚Gendarm')
kataleptisch: von Muskelstarre befallen
Kirke: in der *Odyssee* Königin der Insel Aiaia, die mit ihrem Stab Männer in Tiere verwandelt
Klienten: von (ital.) *clienti* ‚Kunden'
Lasurstein: blauer Halbedelstein, Lapislazuli
Mediokrität: Mittelmäßigkeit
Municipio: Rathaus
Non so scrivere: (ital.) Kann nicht schreiben.
nubischen: Nubien ist eine Landschaft in Nordost-Afrika (Süd-Ägypten und Nord-Sudan), beiderseits des Nils.
Ohi!/Oimè: Jammergeschrei der homerischen Helden in der Schlacht um Troja
Parla benissimo: (ital.) Er spricht sehr gut.
Paura: (ital.) Angst
Pensez très fort!: (frz.) Denken Sie sehr stark nach!
Pensionäre: (schweiz.) Hotelgäste
Philippika: öffentliche Strafrede
Poveretto!: (ital.) der Ärmste!
Pranzo: (ital.) Abendessen
Principe: (ital.) Fürst
Pronti!: (ital.) Los!
ragazzo mio: (ital.) mein Junge
Regie: (österr.) staatliche Tabakwerke
Rispondi al mèno!: (ital.) Antworte mir wenigstens!
Salzfisch und Meeresobst: Hering und Meeresfrüchte
Schniepel: umgangssprachlicher Ausdruck für Frack
Sciroccoschwüle: Der Schirokko ist ein sehr warmer Wind im Mittelmeerraum.
sistema americano, sa': (ital.) amerikanisches System, weißt du
Somnambulismus: Schlafwandeln
stakkiertem: deutlich artikuliertem
Suade: Redeschwall
Subito!: (ital.) Sofort!
un tratto di malinconia: (ital.) einen Zug, eine Spur von Melancholie
Una ballatina!: (ital.) Ein Tänzchen!
venerazione, vénération: (ital. und frz.) Verehrung
Verdruß: mundartlich für Buckel
verödende Weise: langweilende Weise
vexatorisch: quälerisch

4 Schnellcheck

Übersicht 1: Cipolla

Übersicht 2: Mario

Übersicht 3: Der Erzähler

Übersicht 4: Atmosphäre und Stimmungsbilder im ersten Teil der Handlung

Übersicht 5: Führer und Masse

Übersicht 6: Formen des Widerstands

Übersicht 7: *Mario und der Zauberer* als Novelle

Übersicht 1: Cipolla

Übersicht 2: Mario

- Der junge Kellner wirkt abwesend, etwas träumerisch, aber höflich.
- Er bleibt im überwiegenden Teil der Erzählung eine schemenhafte Figur.
- Erst in der letzten Szene wird er zur weiteren Hauptfigur.
- Zunächst scheint es, als werde Mario in seiner Schlichtheit und Zurückhaltung ein besonders leichtes Opfer für Cipolla.

Doch dann wird er zur Gegenfigur.

Marios weiches, von Empfindsamkeit zeugendes Äußeres und seine absichtslose Freundlichkeit kontrastieren mit Cipollas Hässlichkeit und Gefallsucht.

Die Erkenntnis seiner schlimmen Demütigung endet nicht in Entsetzen und Scham, sondern führt zu aktivem, tödlichem Handeln, der Erschießung Cipollas.

Damit wird Mario zum einzigen „erfolgreichen" Widersacher Cipollas, der – stellvertretend für alle Anwesenden – die Herrschaft des „Diktators" beendet.

Übersicht 3: Der Erzähler

Doppelrolle als Rückblickender und Handelnder mit durchgängig zwiespältigem Verhalten

Erster Teil der Handlung

- Unbehagen im Urlaub über die fremdenfeindliche Stimmung
- Kritik an den chauvinistischen und bigotten Verhaltensweisen der Italiener im Hotel und am Strand

↔

- Abwertende und arrogante Charakterisierung der Einheimischen
- Untätigkeit und Inkonsequenz im eigenen Verhalten (Aufschub der Abreise)

↓

Position des neugierigen, jedoch passiven Beobachters

Zweiter Teil der Handlung

- Detaillierte, sachlich-distanzierte Beschreibung des Publikums, Cipollas und des Vorstellungsbeginns aus der Perspektive eines Außenstehenden
- Offensichtliche Ablehnung Cipollas und dessen Verhaltens zu Beginn

↔

- Im Verlauf der Vorstellung des Zauberers zunehmender Distanzverlust
- Sich steigernde Emotionalität des Erlebens; wachsende Faszination in Bezug auf Cipollas „Kunst"
- Verlust der Individualität, Integration in die Masse

↓

Befreiung vom dämonischen Zauber Cipollas nicht durch eigene Initiative, sondern durch Marios radikale Tat

Übersicht 4: Atmosphäre und Stimmungsbilder im ersten Teil der Handlung

Darstellung des politisch-gesellschaftlichen Hintergrunds in Italiens Einparteiendiktatur unter Mussolini	**Auswirkungen: Konkrete Ereignisse in der Novelle**
• Vorzugsbehandlung italienischer Gäste, besonders derer in gesellschaftlich gehobener Position; • Aufgabe rationaler Kriterien	• Die Familie des Erzählers erhält im Hotel nicht den gewünschten Tisch; • sie soll ohne rationale Begründung in ein anderes Zimmer umquartiert werden.
• Verhalten der Einheimischen: übersteigertes Nationalgefühl, Xenophobie; • patriotische Parolen	• Am Strand wird die Familie ausgeschlossen; • vor allem die Kinder erfahren Zurückweisung durch die italienischen Kinder.
• Theatralik, Geltungsbedürfnis, kaum versteckte Grausamkeit gegenüber Schwächeren	• Der Junge Fuggièro verkörpert diese Eigenschaften und wird so zum „Vorläufer“ Cipollas.
• Sexuelle Verklemmtheit, völlig überzogene Moralität, Bigotterie	• Die Einheimischen, v.a. der Herr im „Schniepel“, reagieren empört auf die Nacktheit der kleinen Tochter des Erzählers.
• Glaube an staatliche Autoritäten in ihrer Funktion als Ordnungs- und Sittenwächter	• Die Polizei wird herbeigerufen; • sie erhebt ein Bußgeld für die vermeintlichen Verstöße gegen die Würde Italiens.

Übersicht 5: Führer und Masse

Literarisierung der Beziehung zwischen Führerfigur und Masse als „Verzauberung"

Cipolla → Führer	Publikum → Masse
• hat Charisma und Überzeugungskraft trotz Hässlichkeit und Missbildung,	• entwickelt schon vor dem Auftritt des Zauberers eine Art nationale Gemeinschaftsseele,
• beeindruckt durch brillante Rhetorik, die er situativ einzusetzen vermag,	• lässt sich während der Vorstellung sehr schnell von Cipollas Rhetorik und Suggestivkraft faszinieren.
• zeigt Narzissmus, Selbstgefälligkeit und Überlegenheitsgefühl,	• Kontrollverlust Einzelner mündet in Selbstaufgabe der gesamten Menge, die sich eins wähnt mit dem Führer.
• suggeriert gleichzeitig Liebe zum Publikum sowie Teilhabe an dessen Empfindungen,	• Jegliche Individualität geht verloren.
• hypnotisiert im wörtlichen wie übertragenen Sinn die Menge.	

Ende der „Verzauberung" und Auflösung der Masse durch den selbstverschuldeten Tod des Führers

Übersicht 6: Formen des Widerstands

Einzelne Figuren repräsentieren im zweiten Teil der Handlung verschiedene Reaktionen auf die Verführung durch Cipolla.

Giovanotto
- zeigt als Vertreter der niedrigeren Schichten zunächst Stolz und Kritik an Cipollas arrogantem Auftreten,
- erwidert Cipollas Provokationen mit eigenen,
- vermag diesen verbalen Widerstand jedoch nicht gegen Cipollas überlegene hypnotische Fähigkeiten zu behaupten.

Signora Angiolieri
- ist aufgrund ihrer Sensibilität und Empfänglichkeit für das Künstlerische eher ein Symbol für Widerstandslosigkeit,
- wird dadurch zur willenlosen „Jüngerin“ Cipollas, die bereit ist, persönliche Bindungen (z.B. an den Ehemann) zu lösen.

Der junge Herr aus Rom
- leistet als Vertreter einer gehobenen sozialen Schicht hartnäckigen Widerstand,
- will unbedingt seinen eigenen Willen gegenüber Cipolla durchsetzen.
- Da dieser eigene Wille aber aus einem Nicht-Wollen besteht, ist er nicht stark genug.
- Der junge Römer verliert seine Individualität und wird Teil der willenlosen Menge.

Der Erzähler
- zeigt als Vertreter der ausländischen Gäste zunächst eine „innere“ kritische Distanz gegenüber Cipolla,
- versucht sich an rationalen Erklärungen von dessen Erfolgen und hilflosen, wenig überzeugenden Rechtfertigungen des eigenen Verbleibs im Saal.
- Am Ende ist auch er passiver Teil der emotional aufgewühlten, entmündigten Menge.

Mario
- scheint zunächst immun gegen Cipolla,
- wird von diesem jedoch in zutiefst demütigender Form verführt, da der Zauberer um den schwächsten Punkt des jungen Mannes (seine unerfüllte Liebe zu Silvestra) weiß.
- Die Erschießung Cipollas, aktiver Widerstand in extremster Form, ist aber nicht in politischen, sondern in persönlichen Motiven begründet (Vergeltung für die Kränkung, Wiedererlangung seiner Würde).

Übersicht 7: *Mario und der Zauberer* als Novelle

Merkmale der Novelle	***Mario und der Zauberer***
• Nach Goethe eine „sich ereignete, unerhörte Begebenheit“ (von lat. *novus* ‚neu‘; ital. *novella* ‚kleine Neuigkeit‘) • Darstellung eines außergewöhnlichen Ereignisses, das einen Wahrheitsanspruch erhebt und darüber hinaus auf Allgemeingültigkeit und Symbolcharakter zielt	• Cipollas Auftritt, seine Handlungen und sein gesamtes Verhalten sind ein „unerhörtes“ Ereignis. • Über die Verführung des Publikums durch den Zauberer hinaus werden Entindividualisierung und Massenbeeinflussung durch einen autoritären Führer symbolisiert.
• Die Novelle bildet eine Art epische Zwischenform zwischen Roman und Kurzgeschichte. • Ihre Struktur ähnelt der geschlossenen Form des klassischen Dramas: Exposition, Aufbau eines Konfliktes, Steigerung der Spannung auf einen Höhepunkt hin, Umschlag in die Katastrophe.	• Die einsträngige Handlung wird chronologisch auf einen Höhe- und Wendepunkt hin erzählt. • Die Exposition (1. Teil) dient der Einführung der Personen und Themen; die Darstellung des Auftritts (2. Teil) steigert kontinuierlich die Spannung und baut den Konflikt um Cipolla auf; Marios Handlung bildet den Umschlag in die Katastrophe (Cipollas Tod).
• Häufig enthält die Novelle Leitmotive und Dingsymbole, die von sinnbildlicher Bedeutung sind.	• Wichtiges Dingsymbol ist Cipollas Reitpeitsche mit dem Klauengriff. Sie verdeutlicht seine gewaltsame Machtausübung und die Unterwerfung der Menge. • Die immer wiederkehrenden Beschreibungen des Wetters und der Atmosphäre können als leitmotivische Verknüpfungen gesehen werden.

5 Prüfungsaufgaben und Lösungen

1. Strandleben

2. Kunststücke

3. Unter Hypnose

4. Der Erzähler

5. Bruder Cipolla?

1. Strandleben

Textgrundlage

Thomas Mann, *Mario und der Zauberer.* Frankfurt am Main: Fischer Taschenbuch Verlag, 33. Aufl. 2013, S. 22–25 („[...] aber wohl notwendig").

Aufgabenstellung

1.1 Ordnen Sie den vorliegenden Auszug aus *Mario und der Zauberer* kurz in den Zusammenhang der Erzählung ein.
1.2 Analysieren Sie den Textauszug und erläutern Sie seine Bedeutung für den Gesamttext.
1.3 Untersuchen Sie Aspekte der Erzählweise und ihre Wirkung.

Lösungsvorschlag

Zu 1.1
Der Ich-Erzähler verbringt mit seiner Familie die Ferien in Torre di Venere, einem kleinen italienischen Badeort. Von Anfang an wird dieser Aufenthalt als unangenehm und belastend empfunden. Der Ort ist überfüllt und die Hitze ist nahezu unerträglich. Die ausländischen Gäste sind in der Minderheit. Dazu kommt, dass der Erzähler das Gefühl hat, mit seiner Familie als Gäste zweiten Ranges behandelt zu werden. Er erläutert diesen Eindruck anhand zweier unerfreulicher Episoden aus dem Grand Hôtel, die eindeutig die Bevorzugung der italienischen Gäste durch die Hotelleitung demonstrieren. Diese beschämende Behandlung führt dazu, dass der Erzähler mit seiner Familie vom Grand Hôtel in die Privatpension Eleonora umzieht. Obwohl sie es dort sehr gut antreffen, mag auch weiterhin am Strand kein rechtes Wohlgefühl aufkommen.

Zu 1.2
Im vorliegenden Textauszug schildert der Erzähler seine Eindrücke vom Strandleben und beispielhaft ein Vorkommnis mit dem etwa zwölfjährigen italienischen Jungen Fuggièro, um dieses dann auf seine Symbolkraft für eine allgemein spürbare Atmosphäre zu beleuchten.

- Zu Beginn des Auszugs: Schilderung der Atmosphäre am Strand; der Erzähler fühlt sich vor allem durch die Gewöhnlichkeit des einheimischen Publikums, die Lautstärke (Stimmen der Frauen) belästigt.
- Fuggièro-Episode: Von Anfang an ist der Junge dem Erzähler unsympathisch, er empfindet sein Äußeres (Sonnenbrandwunde) und sein Wesen („Widerspenstigkeit, Unart und Bosheit") als abstoßend. Als der Junge sich

eine unbedeutende Verletzung zuzieht, führt sein Verhalten (zum Missfallen des Erzählers) dazu, dass das kleine Ereignis nach und nach zu einer Katastrophe stilisiert wird. Die Beschwichtigungen des Arztes werden ignoriert, der Junge wird mit großem Theater vom Strand getragen und setzt seine Boshaftigkeiten am nächsten Tag fort. Diese Episode – die Egozentrik und das Geltungsbedürfnis Fuggièros, die theaterhafte Inszenierung, das Ausklammern der Ratio (Urteil des Arztes), das willige Publikum am Strand – kann im Kleinen als symbolträchtige Vorausdeutung auf das Auftreten Cipollas gesehen werden, der seinen Narzissmus und seine Grausamkeit, den Einbruch der Irrationalität und die Gefolgschaft der Zuschauer später im großen Stil inszeniert.
- Deutung der Situation durch den Erzähler: Dieser sieht Fuggièro als Repräsentanten einer Grundstimmung, die durch übertriebenes Nationalgefühl geprägt ist, was sich zum Beispiel in widernatürlichem Verhalten der einheimischen Kinder äußert. Die Kinder des Erzählers werden so immer wieder zurückgewiesen und von Spielen ausgeschlossen, so dass die Eltern versuchen, ihnen dies mit einer Art „Krankheit" zu begründen, die die Einheimischen durchmachen müssten. Hier wird die politische Dimension der Erzählung deutlich: Alle Lebensbereiche, selbst das eigentlich politikferne Spiel der Kinder, sind von den nationalen, fremdenfeindlichen Strömungen ‚infiziert'.

Zu 1.3
Im vorliegenden Textauszug können beispielhaft verschiedene Aspekte der Erzählweise aufgezeigt werden:
- Subjektivität der Perspektive, in der erzählendes und erlebendes Ich nicht mehr zu trennen sind. Die Emotionalität der Erlebnisperspektive wird deutlich, z. B. in der Wortwahl der Beschreibung Fuggièros und seines Verhaltens. Die sachliche Analyse wird immer wieder durch die Darstellung der emotionalen Erfahrungen der Familie des Erzählers (in diesem Fall der Kinder) überdeckt.
- Durch die Leseranreden hebt der Erzähler einerseits die Distanz des Lesers zum Erzählten auf, erleichtert ihm das Verständnis, die Bereitschaft zur Identifikation und zeigt andererseits, dass er (der Erzähler) die Ereignisse noch nicht verarbeitet hat, noch mitten im Reflexionsprozess steckt, den er zu einem Dialog mit dem Leser ausweitet.
- Die Bezüge zu Atmosphäre und „Stimmung", die „in der Luft" liegt, gehören zu den wichtigen Leitmotiven der Erzählung.

2. Kunststücke

Textgrundlage

Mario und der Zauberer, S. 72 („Er tappte seherisch umher") – S. 75 unten.

Aufgabenstellung

2.1 Erläutern Sie die Position dieser Textstelle im Zusammenhang der Erzählung.
2.2 Analysieren Sie Cipollas Verhalten und die Reaktionen des Publikums.
2.3 Untersuchen Sie die Einstellung des Erzählers an dieser Stelle der Geschichte.

Lösungsvorschlag

Zu 2.1
Im vorliegenden Textauszug werden die letzten Kunststücke Cipollas vor der Pause geschildert. Nach dem verzögerten Beginn seiner Vorstellung hat der Zauberer sein Publikum durch gelungene mathematische Experimente und Kartentricks zu überzeugen gewusst, dabei setzte er sich mehrmals – ebenso überzeugend – über Widerstände hinweg, die ihm von Giovanotto und einem jungen Herrn aus Rom entgegengebracht wurden. Cipolla wird vom Publikum nicht gemocht, seine Kunststücke und vor allem seine rhetorischen Fähigkeiten, die er nahezu ununterbrochen zur Schau stellt, werden aber anerkannt und bewundert. Er ist jetzt zu (vom Erzähler so genannten) „Gesellschaftsspielen" übergegangen – er muss vom Publikum versteckte Gegenstände auffinden oder vorher heimlich abgesprochene Handlungen ausführen. Dabei spricht Cipolla von einem Rollentausch, stilisiert sich zum Empfänger des Publikumswillens, zum Gehorchenden, und vergleicht diese Beziehung mit der wechselseitigen Verbindung zwischen Volk und Führer.

Zu 2.2
Cipolla muss eine Nadel aus dem Schuh einer Engländerin ziehen und diese Signora Angiolieri mit einem bestimmten französischen Satz überreichen. Später stellt er in einer seiner „Wahrsagungen" richtig dar, dass die Signora früher Gesellschafterin der Schauspielerin Eleonora Duse war.

- Cipolla, dessen Persönlichkeit seinem Namen gemäß viele Facetten aufweist, verhält sich in dieser Situation seiner zuvor beschriebenen Rolle konform. Er spielt den vom fremden Willen Gesteuerten, der in Demut seine außerordentlich schweren Aufgaben zu erfüllen hat. Er verstärkt diesen Eindruck, indem er vor Signora Angiolieri auf die Knie fällt und nach den richtigen Worten ringt, die Hilfe des Publikums (die er vielleicht insgeheim benötigt) großmütig ablehnend. Der ganze Auftritt ist bis in die kleinste Geste (auch Unsicherheit) inszeniert und verfehlt seine Wirkung nicht, weil er zu unvollkommen ist, um gestellt zu wirken. Im weiteren Verlauf erweist der Zauberer sich als perfekt im Spiel mit den Emotionen des Publikums, besonders Frau Angiolieris. Indem er – wiederum nach kleinen Unsicherheiten und auf Umwegen – auf die von ihr verehrte Eleonora Duse kommt, nimmt er nicht nur die vornehme und sensible Signora für sich ein. Er bedient auch wieder den Nationalstolz des Publikums, für das die Duse zu einer Art nationalem Denkmal geworden ist.

- Das Publikum zeigt in dieser Situation nach wie vor seine ambivalente Haltung dem Zauberer gegenüber: Es macht Cipolla die Aufgaben besonders schwer, weil es hin- und hergerissen scheint zwischen seiner Abneigung dem arroganten Mann gegenüber und dem Wunsch, die Kunststücke möchten gelingen. So gibt es Applaus in dem Augenblick, wenn Cipolla erfolgreich, aber nicht perfekt ist. Erst in dem Augenblick, als die Nationalgefühle pathetisch und ohne Ironie ins Spiel kommen, sind die Zuschauer rückhaltlos begeistert: „Der Applaus glich einer nationalen Kundgebung" (109).

Zu 2.3

Der Erzähler betrachtet die Situation an dieser Stelle der Erzählung noch mit sachlicher Distanz, er wirkt weniger beteiligt als vielmehr beobachtend. Sein Interesse gilt sowohl Cipollas Vorstellung als auch den Reaktionen des Publikums, als sei er kein Teil desselben. Auch berichtet er nicht alle Details, sondern konzentriert sich auf die Darstellung ausgewählter Situationen. So interessiert ihn besonders der unmittelbare Kontakt, den Cipolla zur sensiblen Signora Angiolieri herstellen kann. Es scheint, als mache sich der Erzähler, der natürlich wie alle im Saal um die Vergangenheit der Signora weiß, ein klein wenig über die Diskrepanz zwischen ebenjener ruhmvollen Vergangenheit, der Verehrung für die Duse und ihrer jetzigen, eher profanen Existenz als Pensionswirtin lustig, wenn er von ihr als der „Spenderin unserer Mittagssuppe" (109) spricht.

Auch im Hinblick auf Cipollas magische Fähigkeiten hat er sich seine Zweifel bewahrt, da er sich vorstellt, der Zauberer habe sich natürlich vor seinem Auftritt über die Geschichte bestimmter Einwohner Torres erkundigen können. Wenn der Erzähler äußert: „Aber ich habe gar keinen Grund, Fähigkeiten, die ihm vor unseren Augen zum Verhängnis wurden, rationalistisch zu verdächtigen …", zeigt dieser Satz eine zeitliche wie emotionale Distanz zu den Erlebnissen auf – der Erzähler blickt hier vom Ende, nachdenkend, auf Cipolla zurück.

3. Unter Hypnose

Textgrundlage

Mario und der Zauberer, S. 87 („Namentlich durch diesen Sieg […]") – S. 92 („[…] herrschte unumschränkt").

Aufgabenstellung

3.1 Analysieren Sie diesen Textauszug, nachdem Sie ihn kurz in den Handlungszusammenhang eingeordnet haben.

3.2 Überlegen Sie, welche Deutungen über die reine Handlungsebene hinaus noch möglich sind. Berücksichtigen Sie dabei die folgende Aussage Thomas Manns über seine Novelle aus dem Jahre 1932:

> „Ich will nicht leugnen, daß kleine politische Glanzlichter und Anspielungen aktueller Art darin angebracht sind, aber das Politische ist ein weiter Begriff, der ohne scharfe Grenze ins Problem und Gebiet des Ethischen übergeht, und ich möchte die Bedeutung der kleinen Geschichte, vom Künstlerischen abgesehen, doch lieber im Ethischen als im Politischen sehen."
> (Brief an Bedřich Fučik, zit. nach: Bernd Hamacher, *Thomas Mann. „Mario und der Zauberer". Erläuterungen und Dokumente*, Stuttgart: Reclam, 2006, S. 85)

Lösungsvorschlag

Zu 3.1

Die dargestellte Situation schließt sich an die ‚Entführung' der Signora Angiolieri an – eine besonders eindrucksvolle Demonstration von Cipollas hypnotischen Fähigkeiten. Er hat sein Publikum nun so weit im Griff, dass er es tanzen lassen kann, im wahrsten Sinne des Wortes. Lediglich der junge Herr aus Rom will dem Zauberer noch einmal Widerstand leisten.

Detailliert und mit starker Anteilnahme beschreibt der Erzähler die schrittweise zu beobachtende Überwindung dieses Widerstands. Es wird deutlich, welcher Hilfsmittel sich Cipolla bedient: der Gewalt in Form seiner unablässig eingesetzten Peitsche und seiner manipulativen Rhetorik. So suggeriert er dem jungen Römer, dieser wolle doch eigentlich, was er angeblich nicht wolle (nämlich tanzen), und macht damit seinen Willen zu dem des Widerständlers, bis dieser endlich aufgibt und anscheinend sogar mit Freude in der Gruppe der bereits ‚Überwältigten' aufgeht. So wird Cipolla endgültig zum Triumphator, zum unumschränkten Herrscher (vgl. 92).

Der Erzähler unterbricht seinen Bericht immer wieder mit Kommentaren, er folgt auch nicht mehr der Chronologie des Abends. So beschreibt er gleich zu

Anfang eine Auflösung aller kritischen Widerstände im Publikum; seine Ausdrücke („trunken […]“, „spätnächtliches Drunter und Drüber der Gemüter“), lassen auf einen Zustand der Irrationalität schließen. Den Fall des jungen Römers, der letzten bewusst agierenden „Willensfeste“, analysiert der Erzähler noch sachlich (hier gelingt wieder die Distanzierung): „Verstand ich den Vorgang recht, so unterlag dieser Herr der Negativität seiner Kampfposition“. Doch den Triumph Cipollas beschreibt er dann emotional-bildreich, als befinde er sich wieder mitten im Geschehen: „Mit ihm [dem Fall des jungen Römers] war das Eis gebrochen, Cipollas Triumph auf seiner Höhe; der Stab der Kirke, diese pfeifende Ledergerte mit Klauengriff, herrschte unumschränkt.“ So ist diese Szene als ein (erster) Höhepunkt der Handlung, der Entwicklung von Cipollas Herrschaft, der Willenlosigkeit des Publikums und der Vereinnahmung des Erzählers zu sehen.

Zu 3.2

In Thomas Manns Äußerung wird deutlich, dass eine Trennung zwischen politischen und ethischen Gesichtspunkten bei der Deutung schwierig ist. Als mögliche Ansätze können genannt werden:

- Ausgehend von aktuellen politischen Entwicklungen in Italien und Deutschland sowie den Erfahrungen und kritischen Reflexionen des Autors an anderer Stelle kann Cipolla in seinem Verhalten und vor allem durch seine suggestive Rhetorik als literarische Umsetzung einer faschistischen Führerfigur, wie Mussolini oder Hitler, gesehen werden.
- Auf einer allgemein-menschlichen, psychologischen Ebene zeigt die Szene idealtypisch das Verhältnis einer Masse zum Führer, vor allem im Bild des tanzenden Publikums: die Anfälligkeit für Irrationales, das Aussetzen der Vernunft, die Aufgabe von Selbstbestimmung und Verantwortung zu Gunsten der überhöhten Führerpersönlichkeit.
- Im Fall des jungen Römers, dessen Widerstand und Selbstbehauptung letztendlich gebrochen werden, könnte eine Mahnung verdeutlicht sein, sich Verführung und Massensuggestion entgegenzustellen. Dies kann aber nur erfolgreich sein, wenn der Widerstand sich auf ein rationales Gegenmodell gründet.
- Nicht zuletzt ist im Triumph Cipollas auch wieder die Gestalt des erfolgreichen Künstlers porträtiert – ein Thema, das sich durch viele Werke Thomas Manns zieht. Gerade auch in dieser Textstelle wird die Verbindung von Genialität und Kriminalität deutlich, die Egozentrik ohne Liebe zum menschlichen Gegenüber, die für Thomas Mann die zuweilen problematische Existenz des Künstlers ausmacht.

4. Der Erzähler

Textgrundlage

In seinem Aufsatz „Führerwille und Massenstimmung: *Mario und der Zauberer*" (in: Volkmar Hansen [Hrsg.], *Thomas Mann. Romane und Erzählungen. Interpretationen.* Stuttgart: Reclam, 1993, S. 151–185) schreibt Helmut Koopmann:

> „Nicht weil der Erzähler Ausländer ist, bleibt er frei von den Bedrückungen des Zauberabends, sondern weil er Intellektueller ist und den faulen Zauber durchschaut, bei aller Bewunderung für das Erreichte, und seine kühle Distanz niemals aufgibt" (S. 173).

Aufgabenstellung

Erörtern Sie Koopmanns Sichtweise des Erzählers in Thomas Manns Novelle auf dem Hintergrund Ihrer eigenen Deutung.

Lösungsvorschlag

(Die Bearbeitung ist abhängig von der Deutung der Erzählerfigur und ihrer Entwicklung in der gesamten Novelle, so dass sich unterschiedliche, gleichwohl jeweils nachvollziehbare Ansätze ergeben werden.)

Mögliche Gründe, die für Koopmanns Deutung sprechen könnten:
- Der Erzähler zeichnet sich von Anfang an durch seine scharfe Beobachtungsgabe, seine Reflexionsfähigkeit und seinen Wunsch nach Erkenntnis und Verstehen aus; seine Ironisierungen sprechen für seine Möglichkeit zur Distanzierung.
- Der Erzähler wirkt selbstbewusst; er vermag sein Missbehagen an seiner persönlichen Situation als Symbol für eine Bedrohung durch eine öffentliche Stimmung zu sehen.
- Seine Kommentare zielen auf die Bloßstellung Cipollas und seines ambivalenten Charakters sowie der durch die faschistische Ideologie erzeugten Atmosphäre in Torre di Venere allgemein.
- Begreift man den Erzähler als Alter Ego des Autors Thomas Mann (bedingt auch durch die authentischen biografischen Parallelen) und also ebenfalls als Künstler, so könnte man in seiner Haltung eine Distanzierung von dem ‚falschen', seelenlosen und unmenschlichen Künstlertum Cipollas sehen, von dem sich der Autor selbst immer wieder abzusetzen versuchte.

Mögliche Gründe, die gegen Koopmanns Deutung sprechen könnten:

- Die Rolle des Erzählers als unberührter, distanzierter Beobachter ist von Anfang an nicht stabil: Seine detaillierten Beobachtungen – sowohl am Strand als auch in der Vorstellung – zeugen von innerer Beteiligung, münden aber nicht in aktive und vor allem konsequente Verhaltensweisen.
- Immer wieder spricht der Erzähler von seinem Bewusstsein, den Kindern gegenüber eine Verantwortung zu haben; diese reicht aber nicht aus, seine Neugier und Faszination zu überwinden. Sein Verbleib in der Vorstellung ist mehr als der Wunsch, einen anderen Künstler beim Auftritt zu beobachten, vielmehr grenzt es an seine ganz persönliche Willensaufgabe, er ‚macht mit'.
- Sein wachsender Distanzverlust zeigt sich an Details: So ahmt er das Geräusch der Peitsche Cipollas nach; sein Erzählverhalten ändert sich (selbst in der Rückschau), wird unchronologisch, sprachlich emotionaler.
- Der Erzähler merkt zwar, dass es bei der Vorstellung nicht um Zauberei, sondern um Hypnose geht, Cipolla also eine Art Hochstapler ist. Aber es ist nicht die Rede davon, dass er dies für „faulen Zauber" hielte, den er durchschauen würde. Seine Beschreibungen – so spricht er vom „unentwirrbaren Charakter des Okkulten" (69), „natürlich-unheimliche[m] Feld" (81), „konfuse[m] Vorgang" (84), von „dämonische[n] Mächte[n]" (87) – zeugen eher von seiner Unfähigkeit, die Geschehnisse zu durchschauen.
- Die Tatsache, dass der Erzähler Marios Tat als „befreiendes Ende" (107) empfindet, deutet darauf hin, dass er erst hier seine Autonomie und Distanz zurückgewinnt.

5. Bruder Cipolla?

Textgrundlage

Auszug aus Thomas Manns Essay *Bruder Hitler* (1939):

„Ein Bruder … Ein etwas unangenehmer und beschämender Bruder; er geht einem auf die Nerven, es ist eine reichlich peinliche Verwandtschaft. Ich will trotzdem die Augen nicht davor schließen, denn nochmals: besser, aufrichtiger, heiterer und produktiver als der Haß ist das Sich-wieder-Erkennen, die Bereitschaft zur Selbstvereinigung mit dem Hassenswerten, möge sie auch die moralische Gefahr mit sich bringen, das Neinsagen zu verlernen. Mir ist nicht bange deswegen, – und übrigens ist Moral, sofern sie die Spontaneität und Unschuld des Lebens beeinträchtigt, nicht unbedingt Sache des Künstlers. Es ist nicht ausschließlich ärgerlich, es ist auch eine beruhigende Erfahrung, daß trotz aller Erkenntnis, Aufklärung, Analyse, allen Fortschritten des Wissens vom Menschen – an Wirkung, Geschehen, eindrucksvollster Projektion des Unbewußten in die Realität jederzeit alles möglich bleibt auf Erden – zumal bei dem Primitivierungsprozeß, dem das Europa von heute sich wissentlich, willentlich überläßt, – wobei denn freilich das Wissen und Wollen, der dolose Affront gegen den Geist und die von ihm eigentlich erreichte Stufe einen schweren Einwand gegen die Primitivität bildet. Unstreitig, Primitivismus in seiner frechen Selbstverherrlichung gegen Zeit und Gesittungsstufe, Primitivität als ‚Weltanschauung' – und sei diese Weltanschauung noch so sehr als Korrektur und Gegengewicht eines dörrenden ‚Intellektualismus' gemeint – ist eine Schamlosigkeit, sie ist genau, was das Alte Testament ein ‚Greuel' und eine ‚Narrheit' nennt, und auch der Künstler als ironischer Parteigänger des Lebens kann sich von so einem dreisten und lügenhaften Rückfall nur angewidert abwenden. Neulich sah ich im Film einen Sakraltanz von Bali-Insulanern, der in vollkommener Trance und schrecklichen Zuckungen der erschöpften Jünglinge endete. Wo ist der Unterschied zwischen diesen Bräuchen und den Vorgängen in einer politischen Massenversammlung Europas? Es gibt keinen – oder vielmehr, es gibt immerhin einen: den Unterschied zwischen Exotik und Unappetitlichkeit."

(Thomas Mann, *Bruder Hitler*, in: *Gesammelte Werke in dreizehn Bänden.* Bd. 12: *Reden und Aufsätze 4.* Frankfurt am Main: S. Fischer, 1974, S. 845–852, hier: S. 849 f.)

Aufgabenstellung

5.1 Analysieren Sie den Text inhaltlich und sprachlich.

5.2 Überprüfen Sie anschließend die häufig geäußerte Ansicht, Thomas Mann habe in seiner Novelle *Mario und der Zauberer* bereits 1929 das Phänomen Hitler und die Stimmung im nationalsozialistischen Deutschland literarisch vorweggenommen.

Lösungsvorschlag

Zu 5.1

Schon die einleitenden Sätze (Aufnahme des Titels) weisen auf die Eigenart der Position Thomas Manns hin. Er betrachtet das Phänomen Hitler nicht als Außenstehender, sondern als Miterlebender, fast Vertrauter, der gleichzeitig fasziniert und abgestoßen ist, der interessiert beobachtet und leidenschaftlich ablehnt. Dies wird deutlich in einer Reihe von kontrastierenden und relativierenden Formulierungen, die die Selbstreflexion des Autors widerspiegeln (z.B. „Haß" – „Sich-wieder-Erkennen", „Bereitschaft zur Selbstvereinigung"; „ärgerlich" – „beruhigend").

Diese von scheinbaren Widersprüchen gekennzeichnete persönliche Position dehnt der Autor im Folgenden auf historisch-gesellschaftliche Entwicklungen aus: Einer (durch eine Reihung ähnlicher Begriffe charakterisierten) immer weitergehenden Entwicklung des Bewusstseins steht eine (ebenfalls mit mehreren Begriffen beschriebene) wachsende ‚Geistlosigkeit', Primitivität gegenüber.

In der Verurteilung einer bestimmten Form des „Primitivismus" – als Rücknahme von bereits erreichten Bewusstseinsstufen und Werten und als Werkzeug zur politischen Verführbarkeit der Massen – zeigt sich Thomas Manns harsche Zeitkritik zum ersten Mal deutlich. Dies illustriert der Autor mit einem eindrucksvollen Beispiel (Sakraltanz der Bali-Insulaner).

Zu 5.2

Beim Bezug zur Novelle können Parallelen auf verschiedenen Ebenen gezogen werden:

- Die Eigenart der Mann'schen Position im Essay ist in der Novelle durchgängig in der Figur des Erzählers reflektiert: Faszination und Abscheu, Ambivalenz der Haltung.
- Aspekte der Figur Cipollas entsprechen der Charakterisierung Hitlers und seiner Wirkung auf die Massen: Selbstherrlichkeit, Rhetorik im Dienste der Manipulation, Aufhebung der Rationalität zu Gunsten einer primitiven Emotionalität.
- Die von Thomas Mann im Essay angesprochene „Unappetitlichkeit" politischer Massenversammlungen findet sich im Verhalten des Publikums gegen Ende von Cipollas Vorstellung: völlige Aufgabe der Individualität, Verzicht auf Selbstbestimmung, Bereitschaft sich (ver-)führen zu lassen.

Literaturhinweise

Textausgaben

Freud, Sigmund: Massenpsychologie und Ich-Analyse. Die Zukunft einer Illusion. Frankfurt am Main: Fischer Taschenbuch Verlag, 1993.

Le Bon, Gustave: Psychologie der Massen. Übers. von Rudolf Marx. 6. Aufl. Leipzig: Kröner, o. J.

Mann, Thomas: Über mich selbst. Autobiographische Schriften. Frankfurt am Main: Fischer Taschenbuch Verlag, 1994.

Mann, Thomas: Bruder Hitler. In: Gesammelte Werke in dreizehn Bänden. Bd. 12: Reden und Aufsätze 4. Frankfurt am Main: S. Fischer, 1974. S. 845–852.

Sekundärliteratur

Eisenbeis, Manfred: *Mario und der Zauberer / Tonio Kröger*. Freising: Stark, 2005. Neuaufl. 2019.

Füllmann, Rolf: Thomas Manns *Mario und der Zauberer*. Interpretation. In: R. F.: Einführung in die Novelle. Darmstadt: Wissenschaftliche Buchgesellschaft, 2010. S. 125–132.

Große, Wilhelm: Analyse/Interpretation zu Thomas Mann, *Tonio Kröger / Mario und der Zauberer*. 5. Aufl. Hollfeld: Bange, 2010. 2. Neuaufl. 2018.

Hamacher, Bernd: Thomas Mann. *Mario und der Zauberer*. Erläuterungen und Dokumente. Stuttgart: Reclam, 2006.

Henninger, Peter: Thomas Manns Novelle *Mario und der Zauberer*. Ein spätes Leseerlebnis. In: West-östlicher Divan zum utopischen Kakanien. Hommage à Marie-Louise Roth. Hrsg. von Annette Daigger [u. a.]. Bern [u. a.]: Peter Lang, 1999. S. 27–147.

Kämper-van den Boogaart, Michael: Thomas Mann für die Schule. Berlin: Cornelsen/Scriptor, 2001.

Koopmann, Helmut: Führerwille und Massenstimmung: *Mario und der Zauberer*. In: Volkmar Hansen (Hrsg.): Thomas Mann. Romane und Erzählungen. Interpretationen. Stuttgart: Reclam, 1993. S. 151–185.

Koopmann, Helmut (Hrsg.): Thomas Mann Handbuch. 3., aktualisierte Aufl. Stuttgart: Kröner, 2001.

Kroemer, Roland: EinFach Deutsch verstehen: Thomas Mann, *Mario und der Zauberer*. Paderborn: Schöningh, 2011.

Kurzke, Hermann: Thomas Mann. Das Leben als Kunstwerk. 5. Aufl. Frankfurt am Main: Fischer Taschenbuch Verlag, 2001.

Lewalfer, Christian E.: „Du kommst in so fragwürdiger Gestalt …“. In: Die Zeit. 2. Juni 1955. https://www.zeit.de/1955/22/du-kommst-in-so-fragwuerdiger-gestalt (abgerufen am 15.8.2019).

Mayer, Hans: Thomas Mann. Frankfurt am Main: Suhrkamp, 1980. 3.Aufl. 1995.

Mommert, Michael: Thomas Mann. *Mario und der Zauberer*. Lektüreschlüssel. Stuttgart: Reclam, 2004.

Müller-Salget, Klaus: Der Tod in Torre di Venere. Spiegelung und Deutung des italienischen Faschismus in Thomas Manns *Mario und der Zauberer*. In: K. M.-S.: Literatur ist Widerstand. Aufsätze aus drei Jahrzehnten. Innsbruck: Universität Innsbruck, 2005. S. 89–104.

Pfützner, Peter: Thomas Mann. *Mario und der Zauberer*. Interpretationen und Hinweise für den Unterricht. 3. Aufl. Hollfeld: Joachim Beyer Verlag, 2004.

Reich-Ranicki, Marcel: Thomas Mann und die Seinen. Frankfurt am Main: Fischer Taschenbuch Verlag, 2007.

Vaget, Hans Rudolf: Thomas Mann – Kommentar zu sämtlichen Erzählungen. München: Winkler, 1984. [Zu *Mario und der Zauberer* S. 220–249.] Neuaufl. 1998.

Wysling, Hans / Schmidlin, Yvonne (Hrsg.): Thomas Mann. Ein Leben in Bildern. Frankfurt am Main: Fischer Taschenbuch Verlag, 1997.

Zeller, Regine: Cipolla und die Masse. Zu Thomas Manns Novelle *Mario und der Zauberer*. St. Ingbert: Röhring Universitätsverlag, 2006.

Stichwortverzeichnis